TEMAS SOCIETÁRIOS

TEMAS SOCIETÁRIOS

J. M. Coutinho de Abreu
Ricardo Costa
Maria Ângela Coelho Bento Soares
Alexandre de Soveral Martins
Alexandre Mota Pinto
Gabriela Figueiredo Dias

ALMEDINA

TEMAS SOCIETÁRIOS

AUTORES
J. M. COUTINHO DE ABREU, RICARDO COSTA
M. ÂNGELA COELHO BENTO SOARES, A. SOVERAL MARTINS
ALEXANDRE MOTA PINTO, GABRIELA F. DIAS

EDITOR
EDIÇÕES ALMEDINA, SA
Rua da Estrela, n.º 6
3000-161 Coimbra
Tel.: 239 851 904
Fax: 239 851 901
www.almedina.net
editora@almedina.net

PRÉ-IMPRESSÃO • IMPRESSÃO • ACABAMENTO
G.C. – GRÁFICA DE COIMBRA, LDA.
Palheira – Assafarge
3001-453 Coimbra
producao@graficadecoimbra.pt

Maio, 2006

DEPÓSITO LEGAL
241 145/06

Os dados e as opiniões inseridos na presente publicação
são da exclusiva responsabilidade do(s) seu(s) autor(es).

Toda a reprodução desta obra, por fotocópia ou outro qualquer processo,
sem prévia autorização escrita do Editor,
é ilícita e passível de procedimento judicial contra o infractor.

NOTA DE APRESENTAÇÃO

Por iniciativa do Conselho Distrital de Coimbra da Ordem dos Advogados, decorreu nos dias 25 e 26 de Novembro de 2005 o colóquio "Temas Societários", organizado pelo IDET – Instituto de Direito das Empresas e do Trabalho e por aquele Conselho.

Publicam-se aqui os textos correspondentes a algumas conferências (a maioria) então proferidas. Cremos que a importância e/ou a novidade dos temas neles abordados merecem a atenção renovada dos que participaram no Colóquio e a curiosidade de muitos mais.

Cremos igualmente que vale a pena prosseguir a colaboração para divulgar, discutir e melhorar o Direito das Sociedades. Nisso nos empenharemos, pois.

Coimbra, 1 de Março de 2006

DANIEL ANDRADE
(Presidente do Conselho
Distrital de Coimbra da O.A.)

J. M. COUTINHO DE ABREU
(Presidente da Direcção do IDET)

COLÓQUIO

DIREITO DAS SOCIEDADES
"TEMAS SOCIETÁRIOS"

25-26 Novembro '05

Coordenador Científico
Professor Doutor J. M. Coutinho de Abreu

25, SEXTA-FEIRA

9h00
Recepção e entrega de documentação

9h20
Abertura de trabalhos

9h30
ADMINISTRADOR, TRABALHADOR
(CÚMULO E PROIBIÇÕES)
Coutinho de Abreu / Jorge Leite
[Profs. da Faculdade de Direito da UC]

11h30
ALTERAÇÕES DO CONTRATO DE SOCIEDADE
Cassiano dos Santos
[Prof. da Faculdade de Direito da UC]

12h30
Almoço de trabalho

14h30
TIPICIDADE E ACORDOS PARASSOCIAIS
Pedro Maia
[Assistente da Faculdade de Direito da UC]

17h00
A TRANSFERÊNCIA INTERNACIONAL DA SEDE
SOCIAL NO ÂMBITO COMUNITÁRIO
Maria Ângela Coelho Bento Soares
[Docente no IDET]

26, SÁBADO

9h30
«EMPRESAS NA HORA»
Alexandre Soveral Martins
[Assistente da Faculdade de Direito da UC]

10h30
O ART. 35.º DO CSC NA VERSÃO MAIS RECENTE
Alexandre Mota Pinto
[Assistente da Faculdade de Direito da UC]

12h00
CONTROLO DAS CONTAS E RESPONSABILIDADE
DOS ROC
Gabriela Figueiredo Dias
[Assistente da Faculdade de Direito da UC]

13h00
Encerramento

Conselho Distrital de Coimbra da Ordem dos Advogados

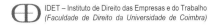
IDET – Instituto de Direito das Empresas e do Trabalho
(Faculdade de Direito da Universidade de Coimbra)

ADMINISTRADORES
E TRABALHADORES DE SOCIEDADES
(CÚMULOS E NÃO)

J. M. COUTINHO DE ABREU
(Professor da Faculdade de Direito de Coimbra)

1. Pode a relação de administração ser jurídico-laboral?

Qual a natureza jurídica da relação (complexa) que liga o administrador, enquanto tal, e a sociedade (com direitos e deveres recíprocos, relativos, *v. g.*, à gestão diligente, remuneração, prestação de contas, destituição com ou sem indemnização)?

Atendendo principalmente à génese da relação, têm sido avançadas numerosas teses: contratualistas (mandato, prestação de serviço, contrato de trabalho, contrato de administração), unilateralistas, dualistas ou da divisão, etc.[1]

As "fontes" possíveis da relação são variadas: inerência à qualidade de sócio (CSC, art. 191.°, 1), contrato social (arts. 252.°, 2, 391.°, 1, 425.°, 1) ou acto constituinte unilateral (cfr. o art. 270.°-G), eleição por deliberação dos sócios (arts. 191.°, 2, 252.°, 2, 391.°, 1), por sócios minoritários (art. 392.°, 6, 7), do conselho de administração (art. 393.°, 1, b)) ou do conselho geral (art. 425.°, 1), nomeação judicial (arts. 253.°, 3, 394.°, 426.°), designação por sócio com direito especial (arts. 252.°, 2, 83.°, 1), pelo Estado (cfr. o art. 392.°, 11), pelo órgão de fiscalização (art. 393.°, 1, c)).

Dir-se-á que é contratual a relação de administração fundada no contrato de sociedade (quando o administrador seja sócio). Mas com a nota de que tal relação é conformada basicamente, não pela disciplina dos contratos, mas pela lei, que fixa os poderes e deveres dos

---

[1] V. por todos L. BRITO CORREIA, *Os administradores de sociedades anónimas*, Almedina, Coimbra, 1993, pp. 303, ss., e A. MENEZES CORDEIRO, *Da responsabilidade civil dos administradores das sociedades comerciais,* Lex, Lisboa, 1997, pp. 335, ss..

12 *Administradores e Trabalhadores de Sociedades (Cúmulos e Não)*

administradores e os mecanismos (em geral não contratuais) que em alguma medida podem disciplinar a relação. Outro tanto se passa, repare-se, nos casos em que o modo de designação dos administradores não é contratual – o regime da relação de administração é essencialmente o mesmo.

Entretanto, tem-se discutido especialmente a natureza da designação dos administradores por deliberação dos sócios (mormente em assembleia geral) – o modo de designação paradigmático.

Entendem alguns que a eleição forma com a aceitação do cargo (cfr. o art. 391.º, 5) um contrato (de administração); a deliberação electiva é proposta contratual, a aceitação do cargo é aceitação da proposta[2].

Mas parece preferível ver na deliberação de eleição um negócio unilateral da sociedade, relativamente à qual a aceitação constitui condição de eficácia[3]. Não porque a deliberação de designação seja acto "interno", que necessitaria de acto executivo do órgão "externo" manifestando a "proposta". Conquanto raras, há deliberações – como, precisamente as de nomeação de titulares de órgãos sociais – que produzem directamente efeitos em relação a terceiros (a colectividade dos sócios ou, como sói dizer-se, a assembleia re-

---

[2] Entre nós, com este parecer, v. RAÚL VENTURA, *Novos estudos sobre sociedades anónimas e sociedades em nome colectivo,* Almedina, Coimbra, 1994, pp. 32-33, BRITO CORREIA, *ob. cit.,* p. ex. pp. 495-496, M. PUPO CORREIA, *Direito comercial – Direito da empresa,* 9.ª ed. (c/colab. de A. J. TOMÁS e O. CASTELO PAULO), Ediforum, Lisboa, 2005, pp. 240-241, Ac. da RP de 12/12/94, CJ, 1994, t. V, pp. 229-230, Ac. do STJ de 14/2/95, BMJ n.º 444 (1995), p. 659. Criticamente, v. MENEZES CORDEIRO, *ob. cit.,* p. 395, J. OLIVEIRA ASCENSÃO, *Direito comercial,* vol. IV – *Sociedades comerciais. Parte geral,* Lisboa, 2000, p. 449, J. PINTO FURTADO, *Curso de direito das sociedades,* 5.ª ed., Almedina, Coimbra, 2004, pp. 340-341.

[3] Vai neste sentido boa parte da doutrina italiana – v., com mais indicações, FABRIZIO GUERRERA, *Gestione "di fatto" e funzione amministrativa nelle società di capitali,* RDC, 1999, p. 167, FRANCO BONELLI, *Gli amministratori di s.p.a. dopo la riforma delle società,* Giuffrè, Milano, 2004, pp. 74-75.

presenta a sociedade)[4]. A deliberação designa, não propõe designação, o designado aceita a nomeação, não proposta de nomeação; independentemente da aceitação pelo designado, antes ou depois dela, a deliberação de eleição é registável (CRCom., art. 3.°, m)) e impugnável judicialmente.

Contudo, sustenta-se às vezes que a relação de administração assenta não só em um acto de designação – embora de natureza unilateral, não contratual –, mas ainda em um contrato (de emprego)[5]. Mas não parece que a perfeição da relação administrativa exija, além do acto de designação, um contrato; fundada no acto de designação, a relação ganha conteúdo suficiente na lei, no estatuto social e em deliberações.

Não quer isto dizer, porém, que não possa haver, além da designação, um contrato entre o designado e a sociedade (actuando por órgão de representação) para disciplinar um ou outro aspecto da

---

[4] *V. V.* Lobo Xavier, *Anulação de deliberação social e deliberações conexas,* Atlântida Editora, Coimbra, 1976, pp. 102, ss., n. (7), J. M. Coutinho de Abreu, *Do abuso de direito – Ensaio de um critério em direito civil e nas deliberações sociais,* Almedina, Coimbra, 1983 (reimpr. 1999), pp. 144-145, texto e notas.

[5] Esta construção, de origem alemã (com alicerces na lei – v. o § 84 da AktG e, p. ex., Uwe Hüffer, *Aktiengesetz,* 6. Aufl., Beck, München, 2004, pp. 420, ss.), era a preferida, antes do CSC, de A. Ferrer Correia (c/ colab. de V. Lobo Xavier / M. Henrique Mesquita / J. M. Sampaio Cabral / António Caeiro), *Lições de direito comercial,* vol. II – *Sociedades comerciais. Doutrina geral,* ed. copiogr., Universidade de Coimbra, 1968, pp. 330-331, e continua, depois do Código, a concitar preferências: v. I. Duarte Rodrigues, *A administração das sociedades por quotas e anónimas – Organização e estatuto dos administradores,* Petrony, Lisboa, 1990, pp. 271-272, A. Soveral Martins, *Os poderes de representação dos administradores de sociedades anónimas,* Coimbra Editora, Coimbra, 1998, p. 59, Ac. do STJ de 3/11/94, BMJ n.° 441 (1994), p. 362. (Note-se que, de uma forma ou doutra, a jurisprudência portuguesa vem considerando ter natureza contratual a relação de administração. Além dos acórdãos já citados, v. os Acs. do STJ de 15/2/00, CJ (ASTJ), 2000, t. I, p. 104, e de 23/5/02, *ibid.,* 2002, t. II, p. 91.).

relação[6]. A própria lei alude à possibilidade: arts. 253.°, 4, 257.°, 7, 430.°, 3, do CSC[7].

Portanto, a relação de administração não tem de ser contratual, e normalmente não é contratual.

Quando haja contrato, ele não é qualificável como contrato de trabalho – assim se entendia generalizadamente até época recente[8].

Depois do DL 404/91, de 16 de Outubro, que regulou o exercício de funções laborais em "comissão de serviço" – regime agora presente, com poucas alterações, nos arts. 244.°, ss. do Código do Trabalho –, diversos autores têm entendido que os administradores podem exercer as suas funções (de administração) em comissão de serviço[9]. Ora, a comissão de serviço tem natureza jurídico-laboral, é cláusula acessória de contrato de trabalho (com regime em parte especial, nomeadamente quanto às possibilidades de fazer cessar a prestação de trabalho em comissão de serviço – art. 246.° do CT)[10]. Consequentemente, seria contratual e jurídico-laboral a relação de administração sempre que o administrador exercesse as suas funções em comissão de serviço.

Convida fortemente àquela interpretação a letra do art. 244.° do CT: "Podem ser exercidos em comissão de serviço os *cargos*

---

[6] Convergentemente, OLIVEIRA ASCENSÃO, *ob. cit.*, pp. 449-450. Nem se olvide – embora a outro propósito – que os actos de designação são normalmente precedidos de acordo entre nomeante e quem vai ser nomeado.

[7] Para exemplos, v. os Acs. da RC de 2/11/99, CJ, 1999, t. V, p. 16, e da RP de 24/5/01, *ibid.*, 2001, t. III, p. 201.

[8] Mas v. DUARTE RODRIGUES, *ob. cit.*, pp. 290 ss., defendendo que o "contrato de administração" será nuns casos contrato de trabalho e noutros contrato de prestação de serviço.

[9] RAÚL VENTURA, *ob. cit.*, pp. 194, ss., ABÍLIO NETO, *Código das Sociedades Comerciais – Jurisprudência e doutrina*, 2.ª ed., Ediforum, Lisboa, 2003, p. 848, LUÍS M. MONTEIRO, em AA. VV., *Código do Trabalho anotado*, 3.ª ed., Almedina, Coimbra, 2004, pp. 437, ss..

[10] V. por todos JORGE LEITE, *Comissão de serviço*, QL n.° 16, 2000, pp. 156-157, e IRENE GOMES, *Principais aspectos do regime jurídico do trabalho exercido em comissão de serviço,* em *Estudos de direito do trabalho em homenagem ao Prof. Manuel Alonso Olea,* Almedina, Coimbra, 2004, pp. 241, ss..

de administração ou equivalentes [*sic*], de direcção *dependentes da administração* (…)".

Mas penso que não deve ir-se por aí. A disciplina da comissão de serviço está pensada – e insere-se sistematicamente em legislação – para trabalhadores subordinados. O administrador, *enquanto tal,* não está juridicamente subordinado à sociedade, não está sujeito a ordens e instruções de alguma entidade com poder para conformar toda a sua actividade; goza espaço de irredutível autonomia decisória, de poder de iniciativa, não sendo reduzível a simples "executor"; enquanto titular do órgão administrativo e de representação, forma (só ou com outros administradores) e expressa vontade juridicamente imputável à sociedade, exercendo também a função de empregador. De outra banda, vê-se mal como poderia a generalidade da disciplina do CT aplicar-se aos administradores – pense-se, *v. g.,* na duração e organização do tempo de trabalho, retribuição, cessação do contrato (inclusive normas especiais dos arts. 246.° e 247.°), direito colectivo do trabalho. Deverá, pois, interpretar-se restritivo-teleologicamente o art. 244.° do CT, excluindo do seu campo de aplicação os titulares de órgãos de administração das sociedades.

2. Trabalhadores-administradores (cúmulo)

Um trabalhador de sociedade anónima (ou de sociedade que com ela esteja em relação de domínio ou de grupo) pode ser designado administrador dessa(s) sociedade(s) – art. 398.°, 2, do CSC. Contudo, acrescenta o preceito legal que o contrato de trabalho[11] *extingue-se,* se tiver sido celebrado há menos de um ano antes da designação, ou *suspende-se,* caso tenha durado mais do que esse ano. Neste último caso, verifica-se a *cumulação* das qualidades de

---

[11] Contrato de trabalho propriamente dito. Os n.os 1 e 2 do art. 398.° referem-se não somente a ele mas também ao contrato de prestação de serviço – sob a formulação "contrato de trabalho, subordinado ou autónomo".

16 *Administradores e Trabalhadores de Sociedades (Cúmulos e Não)*

trabalhador e de administrador, pese embora a suspensão do contrato de trabalho.

A disciplina do n.º 2 do art. 398.º suscita várias questões.

a) Porquê a extinção do contrato de trabalho, quando tenha sido celebrado há menos de um ano antes da designação do trabalhador como administrador?

Ter-se-á pretendido evitar impedimentos ao funcionamento do princípio da livre destituição de administrador e obstar à efectivação de intuitos fraudulentos – à celebração de contrato de trabalho fictício que permitiria ao admistrador, após o termo da relação de administração, continuar ligado à sociedade (como trabalhador)[12].

Mas pode um contrato de trabalho celebrado no período referido ser perfeitamente sério e válido. Porquê então proibir que ele se mantenha (suspenso ou não)?[13] Porque não deixar funcionar as regras da invalidade do contrato de trabalho?[14]

De todo o modo, a norma do n.º 2 do art. 398.º, na parte agora em questão, é (formalmente) *inconstitucional*, por ofensa dos preceitos da CRP que garantem aos organismos representativos dos trabalhadores o direito de participar na elaboração da legislação do trabalho (arts. 54.º, 5, d), 56.º, 2, a), na versão actual)[15].

---

[12] DUARTE RODRIGUES, *ob. cit.*, p. 307, RAÚL VENTURA, *ob. cit.*, p. 193.

[13] Pode até dar-se o caso de a designação como administrador visar a cessação do contrato de trabalho – cessando pouco depois a relação de administração...

[14] Uma norma societária francesa, algo correspondente ao art. 398.º, 2, do CSC, começava por dizer o seguinte: "Un salarié de la société ne peut être nommé administrateur que si son contrat de travail *est antérieur de deux années au moins à sa nomination et* correspond à un emploi effectif; il ne perd pas le bénéfice de ce contrat de travail". Mas o segmento sublinhado foi suprimido por lei de 1994 (v. agora o art. L. 225-22 do *Code de Commerce)...*

[15] Ac. do TC de 9/19/96, DR, II série, de 13/12/1996, p. 17305, ou BMJ n.º 460 (1996), p. 245.

O contrato de trabalho celebrado há menos de um ano antes da designação do trabalhador como administrador deverá ser considerado suspenso (analogia com o disposto na parte final do n.º 2 do art. 398.º).

b) Porquê a suspensão do contrato de trabalho em todos os demais casos?

Antes do CSC, havia na doutrina e na jurisprudência opiniões contrárias quanto à compatibilidade dos estatutos de administrador e de trabalhador[16]. No entendimento dos defensores da tese da incompatibilidade, a autonomia e as funções de empregador do administrador são inconciliáveis com a subordinação jurídica própria da relação laboral. Justificar-se-ia, pois, a suspensão do contrato de trabalho do trabalhador designado administrador.

Contudo, há hipóteses de convivência pacífica na mesma pessoa entre o estatuto de titular da administração e o estatuto de subordinação jurídico-laboral. Imagine-se uma pessoa designada membro do conselho de administração[17], sem funções executivas, que continua a exercer a actividade que como trabalhador desempenhava na sociedade (actividade distinta da de administrador e não absorvida por esta), e a exercê-la sob a autoridade e direcção da sociedade-empregadora manifestadas pelo conselho (do qual é membro minoritário e no qual não pode votar sobre assuntos em que esteja em conflito de interesses com a sociedade – art. 410.°, 6).[18] Porquê impor legalmente a suspensão para casos destes?[19]

---

[16] V. indicações em DUARTE RODRIGUES, *ob. cit.*, pp. 302, ss., e Ac. do STJ de 29/9/99, BMJ n.° 489 (1999), pp. 235-236.

[17] Está fora de causa a hipótese do administrador único.

[18] O cúmulo (sem necessidade de suspensão do contrato de trabalho) é admitido, como vimos, em França; semelhantemente, na ausência de previsão legal, também em Itália (opinião dominante) – v. BONELLI, *ob. cit.*, pp. 58-59.

[19] O TC, em acórdão de 30/5/01 (DR, II série, de 2/11/2001, pp. 18263, ss.), decidiu não julgar inconstitucional a norma do n.° 2 do art. 398.°, na parte em que determina a suspensão dos contratos de trabalho celebrados há mais de um ano, pois entendeu que tal normativo "praticamente em nada inova o sistema que jurisprudencialmente estava assente (...)". (Estaria mesmo assente – ou bem assente?). A. MENEZES CORDEIRO, *Manual de direito das sociedades,* I – *Das sociedades em geral,* Almedina, Coimbra, 2004, p. 718, n. (2055), aponta outra via para chegar

c) A norma do n.º 2 do art. 398.º deve ser interpretada *restritivamente* no que respeita às sociedades em relação de domínio ou de grupo: um trabalhador de sociedade dominante pode ser designado administrador de sociedade por aquela dominada sem prejuízo da plena vigência do contrato de trabalho (se, claro, o trabalhador continuar a laborar na dominante). Em casos destes não tem o administrador da dominada poder para influir na situação laboral relativa à dominante[20].

Não se encontra no CSC qualquer norma paralela à do art. 398.º, 2, para os *directores* (das sociedades anónimas com estrutura orgânica de tipo germânico) e os *gerentes*. Haverá lacuna, integrável com a norma citada? Não parece existir (total) "imperfeição contrária ao plano" do Código – além de que são frágeis, como notámos, as razões justificativas do art. 398.º, 2.

A propósito dos directores, o Código procede a remissões várias para a secção relativa ao conselho de administração (*v. g.*, nos arts. 426.º, 428.º, 4, 431.º, 3, 433.º), mas não faz qualquer remissão para o art. 398.º, 2 – inclusive no art. 428.º, que tem epígrafe idêntica à do art. 398.º. Depois, a situação de trabalhador subordinado não integra a lista das incompatibilidades prevista no n.º 5 do art. 425.º.

É possível, pois, o *cúmulo* trabalhador-director. Podendo coexistir plenamente (com os respectivos direitos e deveres) as funções de trabalhador e as (distintas) de director[21], mas sendo também

---

à não inconstitucionalidade: a norma em questão é, "pela sua origem como pelo sistema onde se insere, uma regra materialmente comercial", não laboral. Penso, ao invés, que a norma é primordialmente de direito do trabalho: regula não tanto o estatuto do administrador, mas sim o do trabalhador (que se torna administrador), os seus direitos, o destino do seu contrato de trabalho.

[20] No mesmo sentido, v. RAÚL VENTURA, *ob. cit.*, p. 194.

[21] Tenha-se em conta o que ficou *supra*, sob b). Convergentemente, v. DUARTE RODRIGUES, *ob. cit.*, p. 314 (porém, o A. vai longe de mais quando admite o cúmulo relativamente ao director único).

admissível a suspensão do contrato de trabalho – ou por acordo entre a sociedade e o trabalhador designado director (CT, art. 330.°, 1, *in fine*), ou, no caso de o director não exercer subordinadamente as funções que exercia como trabalhador, por analogia com o disposto no art. 398.°, 2 (independentemente da duração do contrato de trabalho).[22]

3. Administradores, trabalhadores (não cúmulo e cúmulo)

Segundo o n.° 1 do art. 398.° do CSC, um administrador, enquanto for, não pode exercer na sociedade respectiva, ou em sociedades que com ela estejam em relação de domínio ou de grupo, quaisquer funções temporárias ou permanentes ao abrigo de contrato de trabalho ou de contrato de prestação de serviço, nem pode celebrar qualquer desses contratos visando a prestação de trabalho ou de serviços depois de cessadas as funções de administrador. Porquê estas proibições? Porque não se bastou o Código com o prescrito no art. anterior (397.°), nomeadamente nos n.ºs 2, 3 e 4?

Ouçamos o autor do anteprojecto do Código: "Em Portugal tinha começado, pelo menos na década de 80, em algumas sociedades, a nomeação de administradores, durante o exercício deste cargo, para funções (geralmente, de quadros – por ex. directores) na mesma sociedade ou em sociedades daquela dependentes. A fim de evitar possíveis dificuldades jurídicas, esses contratos de trabalho previam que o seu início coincidiria com o termo das funções de

---

[22] Conclusões análogas valem para os *gerentes* das sociedades por quotas. Devendo registar-se que neste campo há já considerável consenso. *V.* DUARTE RODRIGUES, *ob. cit.*, p. 313, e RAÚL VENTURA, *Sociedades por quotas,* vol. III, Almedina, Coimbra, 1991, pp. 35, ss. (ambos os AA. vão demasiado longe, porém, ao admitirem – embora menos latamente o primeiro – o cúmulo para o gerente único), e os Acs. do STJ de 29/9/99 (já citado) e de 31/5/01, ADSTA n.° 484, p. 573.

administrador, por qualquer motivo. A intenção dessa prática é tão óbvia, que desnecessita explicações, mas era uma prática repugnante, pois implicava o aproveitamento do cargo de administrador para garantir o seu futuro, à custa da sociedade administrada. Justifica-se, portanto, a norma imperativa da parte final do art. 398.º/1, cuja violação provoca a nulidade do contrato celebrado entre o administrador e a sociedade. Se tal norma expressa não existisse, a nulidade do contrato decorreria de contradição com os bons costumes"[23].

Como se vê, a justificação vale essencialmente para a parte final do art. 398.º, 1. Vê-se também que, em rigor, tal preceito seria desnecessário – o contrato celebrado para produzir efeitos após o termo da relação de administração seria nulo porque ofensivo dos bons costumes. Mas é oportuno, por razões de clareza e segurança.

Mais difícil é justificar a proibição absoluta da primeira parte do n.º 1 do art. 398.º – em desvio do art. 397.º, 2 e 3. Compreende-se o intuito de evitar aproveitamentos indevidos da posição de administrador: *v. g.*, criação de funções laborais fictícias para maior remuneração e outras regalias, contrato de trabalho para garantir ligação estável à sociedade[24]. No entanto, talvez fosse suficiente o crivo previsto no n.º 2 do art. 397.º[25]. E pode haver motivos sérios recomendando o exercício de funções laborais por administrador[26]. Por outro lado, deverá interpretar-se restritiva-

---

[23] Raúl Ventura, *Novos estudos...*, p. 192.

[24] Embora sem previsão legal específica, a proibição de um administrador em funções concluir contrato de trabalho tem sido afirmada pela jurisprudência francesa (que atende, contudo, aos arts. L. 225-44 e L. 225-22 do C. *Commerce*) – v., p. ex., M. Cozian / A. Viandier / F. Deboissy, *Droit des sociétés,* 17e éd., Litec, Paris, 2004, p. 228.

[25] E recorde-se que são controláveis as deliberações do conselho de administração (arts. 411.º, 412.º).

[26] Ou a prestação de certos serviços. Porquê impedir, p. ex., que um administrador jurista seja mandatário judicial da sociedade em assunto da sua especialidade?

mente o art. 398.º, 1 (também na 2.ª parte), de modo a ficarem fora da proibição os administradores de sociedades dominadas que celebrem contratos de trabalho (ou de prestação de serviço) com sociedade dominante (de que não sejam, claro, administradores). Neste caso, eles não podem prevalecer-se do cargo para essa celebração (dependente da vontade da sociedade dominante)[27].

Para os membros da direcção não prescreve o CSC proibição idêntica. Será lícito, pois, o cúmulo director-trabalhador quando autorizado por (válida) deliberação do conselho geral (arts. 428.º, 4, e 397.º, 2).[28]

---

[27] Mas aplicar-se-á o disposto no art. 397.º, 2 e 3, e, eventualmente, no art. 398.º, 3.

[28] Ante o silêncio do Código, também será lícito o cúmulo gerente de sociedade por quotas-trabalhador quando autorizado por deliberação da gerência e com parecer favorável do órgão de fiscalização (se existente) – analogia com o regime do art. 397.º, 2.

RESPONSABILIDADE CIVIL SOCIETÁRIA DOS ADMINISTRADORES DE FACTO *

RICARDO COSTA **

---

* Este trabalho é um resumo sucinto das parcelas mais significativas da minha Conferência e apresenta-se desprovido de citações doutrinais e jurisprudenciais. Resulta da investigação que empreendo no âmbito da elaboração de Dissertação para Doutoramento (Ciências Jurídico-Empresariais). Indico, no entanto, algumas das fontes que serviram de inspiração para o texto: ABREU, J. M. Coutinho de/RAMOS, Elisabete, *Responsabilidade civil de administradores e de sócios controladores*, IDET/Miscelâneas n.º 3, Almedina, Coimbra, 2004; ABRIANI, Niccolò, *Gli amministratori di fatto delle società di capitali*, Giuffrè Editore, Milano, 1998; BONELLI, Franco, *Gli amministratori di società per azioni*, Giuffrè Editore, Milano, 1985; DEDESSUS-LE-MOUSTIER, Nathalie, "La responsabilité du dirigeant de fait", in *Revue des Sociétés*, 1997, 3, pág. 499, ss; DIERLAMM, Alfred, "Der faktische Geschäftsführer im Strafrecht – ein Phantom?", in *Neue Zeitschrift für Strafrecht*, 1996, 4, pág. 153, ss; LATORRE CHINER, Nuria, *El administrador de hecho en las sociedades de capital*, Editorial Comares, Granada, 2003; LOWRY, John/DIGNAM, Alan, *Company law*, 2.ª ed., LexisNexis Butterworths, London, 2003; ROTH, Günther H., "Die Haftung als faktischer Geschäftsfuhrer im Konkurs der GmbH", in *Zeitschrift für Unternehmens- und Gesellschaftsrecht*, 1989, 3, pág. 421, ss; STEIN, Ursula, *Das faktische Organ*, Carl Heymanns Verlag KG, Köln-Berlin-Bonn-München, 1984.

** Assistente da Faculdade de Direito da Universidade de Coimbra (rcosta@fd.uc.pt). Mestre em Ciências Jurídico-Empresariais (FDUC, 2001). Doutorando na Universidade de Coimbra.

ABREVIATURAS

al./als.	–	alínea/alíneas
art./arts.	–	artigo/artigos
CCiv.	–	Código Civil (1966)
CIRE	–	Código da Insolvência e da Recuperação de Empresas (2004)
CMVM	–	Comissão do Mercado de Valores Mobiliários
CP	–	Código Penal (1982)
CPEREF	–	Código dos Processos Especiais de Recuperação da Empresa e de Falência (1993, revogado)
CRCom.	–	Código do Registo Comercial (1986)
CSC	–	Código das Sociedades Comerciais (1986)
CVM	–	Código dos Valores Mobiliários (1999)
LGT	–	Lei Geral Tributária (1998)
n./ns.	–	nota/notas
p. ex.	–	por exemplo
RGIT	–	Regime Geral das Infracções Tributárias (2001)
ss	–	seguintes
V.	–	Veja

1. A responsabilidade civil pelo exercício da administração social no CSC e a administração de facto

O direito das sociedades comerciais regula expressamente a responsabilidade dos «gerentes, administradores ou directores» por *gestão ilícita* e *culposa*. O modelo normativo encontra-se fixado nos arts. 72.º a 79.º do CSC[1] e é *comum* aos vários tipos de sociedade. Não obstante, é nas sociedades de capitais que mais se faz sentir os reflexos desta disciplina sancionatória.

Como sabemos, aqui o risco empresarial do(s) sócio(s) é temperado pela regra da limitação da responsabilidade (em rigor, irresponsabilidade pelas dívidas da sociedade). Como contrapeso, diz-se na doutrina, persiste uma dupla *assunção do risco social*, que actua em *planos distintos*:

(i) por um lado, o *risco de capital* ou *da actividade social* (elemento do conceito genérico de sociedade, enquanto face oposta da atribuição do lucro), que recai sobre cada um dos sócios e consiste na potencial redução do valor da respectiva participação social em caso de saída da sociedade ou de liquidação desta – se houver perdas, o sócio pode não recuperar (em parte ou no todo) o valor das entradas e de outras prestações feitas à sociedade; actua no plano da *propriedade* e em benefício do *exercício correcto dos direitos sociais-corporativos* (a começar pela escolha cuidadosa dos administradores);

---

[1] Na falta de referência, as normas indicadas pertencem ao CSC.

(ii) por outro lado, o chamado *risco de administração*, que recai sobre quem exerce os poderes de gestão (sócios e/ou não sócios) e se consubstancia num complexo de deveres e correlativas responsabilidades decorrentes do seu incumprimento; actua no plano das *funções de administração* da sociedade e em benefício do seu *exercício correcto*.

As regras da responsabilidade civil[2] tendem justamente a assegurar uma gestão escrupulosa e eficiente. Mas referem-se aos comportamentos dos administradores[3] nomeados *de acordo com as formas previstas na lei* (diversas: designação pela simples qualidade de sócio ou estatutária, nomeação e/ou eleição deliberativa, pelos sócios, por minorias especiais ou pelo órgão de fiscalização, indicação pelo sócio estadual, substituição, cooptação, nomeação pelo tribunal). Tal característica da previsão legal alimenta a tentação de esvaziar e iludir o alcance desse regime, pois, maliciosamente ou não, bastará o *abrigo da falta ou de uma irregularidade da investidura formal como titular do órgão administrativo* para afastar a punição, ainda que se tenham praticado *actos próprios* do desempenho de funções de gerência, administração ou direcção.

Assim, é corrente vermos na *praxis* sujeitos – sócios ou terceiros em relação à sociedade, pessoas singulares ou outras sociedades (*maxime*, através dos seus administradores) – a chamar a si (ou a contribuir para) a direcção da empresa social, mesmo não sendo administradores ou vendo o título da sua designação como administradores afectado por uma qualquer inobservância da normatividade (formal e/ou procedimental) reguladora da administração social.

---

[2] Bem como penal (especial societário) e contra-ordenacional: v. arts. 509.º-528.º; 378.º-381.º, 388.º-407.º (e, em especial, o art. 401.º, n.º 3), CVM.

[3] Integrando nesta fórmula as diversas categorias de membros do órgão de administração (gerentes, administradores *em sentido estrito* e directores), de acordo com cada tipo social.

Desde logo, há sujeitos que, privados de qualquer designação, exercem substancialmente os poderes que competem aos administradores regularmente nomeados[4] *ou* determinam de forma reiterada a conduta dos administradores "oficiais".

Depois, num segundo grupo de casos, temos pessoas que actuam como se fossem administradores, mas com *vícios* ou *irregularidades* no título de designação: [alguns exemplos] a deliberação é nula (*v. g.*, por incapacidade jurídica: arts. 252.º, n.º 1, 390.º, n.º 3, 425.º, n.os 5, al. *e*), e 6, 1.ª parte) ou foi anulada; o título de nomeação de administrador ou director de sociedade anónima ou sociedade em comandita por acções (arts. 396.º, n.os 1 a 3, 433.º, n.º 2, 478.º) não produz efeitos porque a caução de responsabilidade (não tendo sido dispensada por deliberação ou por disposição estatutária) não foi prestada no prazo legal (a sanção é a «cessação

---

[4] Um dos maiores desafios para tornar consistente o instituto do administrador de facto é decifrar os critérios que identificam a figura. Ou seja, definir os requisitos que se devem preencher para delimitar o conceito de administrador de facto. Para o que nos interessa, essa tarefa evitará uma comunicação incontrolada da disciplina da responsabilidade ao administrador de facto.

Aparentemente pacífico nesse conceito é o *exercício positivo de funções de gestão similares ou equiparáveis às dos administradores formalmente instituídos.* Esse exercício verte-se em actos típicos de "gestão empresarial" ou "alta direcção": exigir-se-á a *intensidade qualitativa* do comando e planeamento gerais no que toca ao destino comercial e financeiro da sociedade, ao provimento dos recursos humanos e materiais, atendendo à dimensão da sociedade e ao tipo de actividade societária (não chegará o "governo técnico" do dia a dia). Não parece ser de seguir quem pressupõe nesta sede o desenvolvimento de *todas* as funções próprias dos administradores de direito (sob pena de, nas sociedades de maior dimensão, não encontrarmos tal sujeito: as funções assumem uma articulação e uma complexidade – que vão desde a escolha de investimentos e de produtos à política de recursos humanos – incompatíveis com esta "globalidade" da ingerência na administração). Mas não basta a emissão de conselhos, sugestões ou recomendações ou a mera supervisão de quem administra: assim, não é administrador de facto o *banco financiador* que verifica o emprego dos fundos postos à disposição da sociedade cliente, o *sócio maioritário* que se limita a exercer o direito de controlo sobre os administradores, e por aí em diante. (V. ainda *infra*, ns. 5 e 12.)

imediata de funções»: art. 396.°, n.° 4); houve caducidade do título: *v. g.*, por decurso do prazo por que foi feita a designação (mas v. o art. 391.°, n.° 4, para as sociedades anónimas), reforma do administrador, incompatibilidade ou incapacidade de exercício de direitos supervenientes do administrador (v. arts. 401.°, que determina ainda a competência do conselho fiscal para «declarar o termo das funções», e 425.°, n.° 6, 2.ª parte) e o ex-administrador continua, provisoriamente, a prorrogar as funções de administrador; houve destituição, substituição ou renúncia ao cargo do administrador e este, perante a inércia da assembleia e dos sócios, continua em funções; etc.

Finalmente, encontramos indivíduos que, ostentando uma "qualidade de relação" com a sociedade (p. ex., sócio maioritário ou único, director-geral dotado de amplas atribuições, "gerente de comércio" de um ou vários estabelecimentos, procurador para a celebração de negócios em nome da sociedade, etc.), levam a cabo funções de gestão com a independência que é timbre da administração de direito, embora não se apresentem perante terceiros como administradores da sociedade.

Daqui concluímos que nem sempre a administração se refere aos «gerentes, administradores ou directores» *formalmente designados* e que exercem *regradamente* as suas funções (administradores *de direito*). Muitas vezes a administração refere-se a administradores *de facto*. Indivíduos que, sem provimento, desempenham as tarefas inerentes à administração: decidem e, eventualmente, tratam dos negócios sociais *na primeira pessoa*, agindo na posição dos administradores de direito sem qualquer intermediário (administrador de facto *directo, com notoriedade ou não* na relação com terceiros), ou actuam *indirectamente* sobre a administração instituída, impondo as suas instruções e condicionando as escolhas operativas dos administradores de direito (ou até dos administradores de facto directos), que invariavelmente as acatam sem liberdade de análise (administrador de facto *oculto* ou *indirecto*, o *shadow director* dos anglo-saxónicos). [Serão estas, *à vol d'oiseau*, as *espécies* fundamentais de administradores de facto.]

Estes sujeitos merecem a qualificação de administradores se colocarem em acção os papéis administrativos no círculo *funcional* da administração e com o poder de independência decisória que *caracteriza* a esfera dos administradores[5]. Ora, se, em consequência, eles protagonizam um ou mais actos de *mala gestio*, em desrespeito da lei, dos estatutos, de deliberações para execução administrativa e dos deveres de diligência e de lealdade inseparáveis do cargo, deverão estar igualmente submetidos ao risco de administração?

A resposta deve ser positiva. O complexo de deveres (previstos em primeira linha na lei) para os administradores, mais que uma ordenação programada para sujeitos determinados e individualizados que apresentam uma certa veste formal-orgânica, correspondem a regras que aferem o *desenvolvimento correcto* da *actividade de gestão da sociedade*. Visto o regime da responsabilidade como aparelho que *equilibra* o *exercício de um poder*, parece claro que, se se comprova o *facto* de haver quem administre *como* os administradores de direito, estes sujeitos devem estar *juridicamente* sujeitos às regras da correcta e diligente administração. E, se for caso disso,

---

[5] Uma segunda qualidade imprescindível dos administradores é a *actuação com a autonomia decisória que é própria dos administradores de direito*. O que se manifesta em soberania para exercer as funções de alta direcção: impor as suas decisões (quando é *directo*) ou influenciar de forma determinante (mesmo vinculativa) a gestão (quando é *indirecto*). Não é preciso que se verifique uma inteira substituição dos administradores de direito, afastando-os de qualquer função gestória (o que pode acontecer muitas vezes). Tudo indica que bastará uma comparticipação na administração da sociedade com os titulares formais (e, no caso da anónima, com os administradores delegados ou com os membros da comissão executiva responsáveis pela «gestão corrente» da sociedade – v. art. 407.º –, mas sem que esta gestão seja, por norma, suficiente de *per se* para carimbar a administração de facto). De todo o modo, ela estará sempre em plano de paridade e cooperação e nunca em patamar de subordinação. Excluem-se do conceito, por esta razão, o trabalhador assalariado, o director geral ou o director sectorial, o procurador para a prática de determinados negócios, excepto se essa for apenas uma "cobertura formal" para a assunção da qualidade de verdadeiro administrador de facto.

à responsabilidade derivada da violação dessas regras, em abono da tutela do interesse patrimonial das sociedades administradas, dos credores sociais e de outros terceiros comprometidos na órbita corporativa. Assim, ainda para mais neste tempo de *neoinstitucionalismo* – que manda tutelar a eficiência da estrutura societária como instrumento de organização da actividade empresarial –, o risco de administração recai sobre *todo aquele* que *coloca em acção a administração*, de direito ou de facto.

Concordo, portanto, com a doutrina que sustenta ser a previsão do instituto da administração de facto um *pressuposto de eficácia* da disciplina da responsabilidade civil pela administração social. Tanto mais que esta disciplina apresenta uma progressiva acentuação dos deveres de gestão com *conteúdo específico*, assente em parâmetros cada vez mais *qualificados* de diligência (a bitola do «gestor criterioso e ordenado» imposta pelo art. 64.° é hoje enriquecida pelo feixe de deveres fiduciários extraídos das regras de *corporate governance*), que devem incidir sobre *todos aqueles que administram ou impõem os seus desejos a quem administra.* (E, advirta-se, há quem ainda pense que o único interesse da figura do administrador de facto se consome na responsabilidade civil de quem se intromete na gestão da sociedade como se fosse administrador. O que, em termos mais amplos, traduzirá o desinteresse pela configuração *jurídico--institucional* da figura e reserva-lhe atenção como "problema de aplicação de normas".)

Porquê?

Impede-se que o exercício *ilegítimo* dos poderes administrativos, seja por falta de investidura, seja por vícios ou imperfeição da designação, ou em razão da caducidade ou extinção do título electivo (com meios que, em certos casos, podem ser extremamente simples, como é a circunstância da falta de prestação de caução), tenha o efeito perverso de ser causa de isenção da responsabilidade para quem assume com subterfúgios formais o desvio entre função e título.

Salvaguarda-se, ao desencorajar o exercício de funções de administração na ausência de uma deliberação de eleição ou designação idóneas, a observância das regras imperativas que delineiam a estrutura organizativa das sociedades comerciais (em especial, nas sociedades de capitais, o princípio da competência dos sócios para a designação dos administradores, nos estatutos ou por deliberação).

Evita-se a falta de uniformidade no ordenamento *global* que prescreve responsabilidade pela administração. Será irrazoável que o mesmo sujeito seja condenado no foro criminal por insolvência[6], pelas dívidas fiscais não cumpridas pela jurisdição tributária[7] e ser declarado isento de qualquer responsabilidade em sede civil.

Estas são razões que aconselham a *extensão* da responsabilidade própria dos administradores àqueles que, sem terem sido ou não sendo mais formalmente administradores, participaram na gestão social ou influíram sistematicamente nos processos decisórios da gestão[8].[9] Deverá, pois, o regime do CSC estar disponível para

---

[6] No direito penal comum encontramos abrangido o administrador de facto como possível autor nos crimes («contra direitos patrimoniais») de insolvência dolosa e negligente (arts. 227.° e 228.°, CP), de frustração de créditos (art. 227.°-A, CP) e de favorecimento de credores (art. 229.°, CP): cfr. arts. 227.°, n.° 5 – é agente do crime «quem tiver exercido *de facto* a respectiva gestão ou direcção efectiva [de pessoa colectiva, sociedade ou mera associação de facto] –, 227.°-A, n.° 2, 228.°, n.° 3, 229.°, n.° 2, sempre do CP.

[7] O art. 24.°, n.° 1, da LGT preceitua que «os administradores, directores e gerentes e outras pessoas que exerçam, *ainda que somente de facto*, funções de administração ou gestão em pessoas colectivas e entes fiscalmente equiparados são subsidiariamente responsáveis em relação a estas e solidariamente entre si» pelas dívidas tributárias descritas nas respectivas als. *a)* e *b)*. Estatuição equivalente é determinada pelo art. 8.°, n.os 1 e 2, do RGIT, em sede de responsabilidade pelo pagamento de multas e coimas aplicadas por infracções tributárias.

[8] Surpreendemos outros dois modelos (concorrentes mas não coincidentes) de reparação do exercício do *poder ilegítimo* de administração: o recurso ao instituto geral da responsabilidade civil extra-negocial por factos ilícitos (entre nós, regulada nos arts. 483.° e ss do CCiv.) e à figura da desconsideração da personalidade jurídica (para efeitos de responsabilidade do sócio, em particular o maioritário ou o "controlador", enquanto *dominus* e verdadeiro administrador, ou co-administrador).

[9] Ao lado do administrador de facto, existirá geralmente um administrador com título suficiente, regular (e activo ou passivo na execução funcional). Nestes

"abraçar" os administradores "não oficiais": a sua configuração liberta-se da exclusiva averiguação da qualificação formal do sujeito que gere (critério *subjectivo-formal*) e concentra-se no exercício concreto dos poderes de administração. Dá-se tradução ao predomínio de um critério elástico de tipo *funcional-objectivo*, que recorta e fiscaliza *materialmente* a actividade *efectivamente* desenvolvida.

É, aliás, esta revisão em sentido *não formalístico* do âmbito de aplicação das regras imperativas estabelecidas em abono do exercício correcto das funções administrativas que explica em boa medida que encontremos lá fora *determinações legais* a precipitarem a *equiparação normativa* entre administradores de direito e de facto (tanto em sede de responsabilidade civil societária como de responsabilidade patrimonial pela insolvência das sociedades administradas[10]). Ou, com mais lastro, *critérios de decisão jurispruden-*

---

casos, havendo responsabilidade do administrador de facto, também haverá, em regime de solidariedade, para o administrador de direito: a) responsabilidade por acção pelo ilícito cometido, *se ele também se ocupou da gestão social*; b) responsabilidade por omissão ilícita (precipitada inequivocamente em várias disposições: arts. 6.º, n.º 5, 72.º, n.ᵒˢ 1 e 4, 78.º, n.º 3, 81.º, n.º 2, 83.º, n.º 4, 504.º, n.º 3, para além do art. 486.º do CCiv.), *se se demitiu em absoluto da gestão social e a entregou, ainda que por afastamento da vida da sociedade, ao administrador de facto*; nesta circunstância, o exercício de poderes que consentiu ou tolerou e o sucessivo comportamento danoso do administrador de facto representam a infracção do dever de controlar a gestão efectiva, mesmo se levada a cabo por quem não está legitimamente investido para o efeito (tal como, *a pari*, há responsabilidade dos administradores da sociedade anónima pelo desrespeito do dever de vigilância geral da actuação do ou dos administradores delegados ou da comissão executiva: v. art. 407.º, n.º 5, 2.ª parte).

[10] Tal extensão *ex lege* das responsabilidades típicas dos administradores não teve reflexo entre nós, com excepção da *assimilação* operada (e inspirada no direito francês) pelos arts. 126.º-A e 126.º-B do revogado CPEREF. Assim era em matéria de, respectivamente, responsabilidade solidária e ilimitada dos gerentes, administradores e directores de sociedades, de direito ou de facto («pessoas que as dirigiram de facto»), pelos débitos da sociedade falida e condenação no pagamento do passivo, no caso de actuação abusiva e contributiva para a situação

cial e *construções doutrinais* a submeterem quem exerce de facto o poder de administração (ou condiciona quem o exerce) às mesmas regras de conduta que são demandadas a quem tem a veste legal de administrador.

---

de insolvência, *e* responsabilidade pelo passivo conhecido e a descoberto da sociedade falida ou pelo dano por eles causado (se fosse inferior), no caso de haver responsabilidade civil dos administradores (sobretudo, nos termos dos arts. 72.°, n.° 1, e/ou 78.°, n.° 1), com a eventual declaração de falência conjunta se não fosse depositada essa quantia (nos termos do art. 126.°-C, CPEREF). Veja-se, porém, o *sinal* dado pelo art. 82.°, n.° 2, do novo CIRE: «Durante a pendência do processo de insolvência, o administrador da insolvência tem exclusiva legitimidade para propor e fazer seguir: *a)* As acções de responsabilidade que legalmente couberem, em favor do próprio devedor, contra os fundadores, *administradores de direito e* [ou] *de facto* (...)». Esta norma significa que, de acordo com a interpretação conferida pela CMVM, no seu *Governo das sociedades anónimas: propostas de alteração ao Código das Sociedades Comerciais* (in http://www.cmvm.pt/consultas_publicas/cmvm/proposta_alter_csc.pdf, Processo de Consulta Pública n.° 1/2006, de 30 de Janeiro de 2006), "implicitamente se considerou já aplicáveis ao administrador de facto as normas relativas ao administrador dito de direito" (pág. 17).

Não é rigoroso, porém, afirmar que haja uma total lacuna de (possível) regulação do administrador de facto. Como *afloramentos* no CSC da figura e da responsabilidade de sujeitos que podem ser qualificados como administradores de facto temos os preceitos correspondentes aos arts. 80.° – «pessoas a quem sejam confiadas funções de administração» –, 83.°, n.° 4 – «sócio que tenha possibilidade (...) de destituir ou fazer destituir gerente, administrador, director ou membro do órgão de fiscalização e pelo uso da sua influência dominante determine essa pessoa a praticar ou omitir um acto» – e 504.°, n.° 2 – «Os membros do órgão de administração da sociedade directora [ou dominante: art. 491.°] são responsáveis também para com a sociedade subordinada [ou dependente], nos termos dos artigos 72.° a 77.° desta lei (...)». (Esta última hipótese de responsabilidade, não obstante censurar o exercício *indirecto* das competências de gestão por quem não é administrador da sociedade visada, *não se funda na ilegitimidade* da posição desses administradores. Ao invés, surge no âmbito de um poder *legal* de direcção vinculante, que permite até instruções desvantajosas desde que *lícitas*: cfr. art. 503.°, n.ᵒˢ 1 e 2.)

2. A aplicação por interpretação extensiva dos artigos 72.° e ss ao administrador de facto

Não surpreende, pelo que foi dito, que a fórmula legal «gerentes, administradores ou directores» seja apta a integrar os administradores de facto. Apta por interpretação da disciplina, não pela equiparação pura e simples entre administrador de direito (*o que está na lei*) e o administrador de facto (*fora dela*).

Na verdade, essa *equivalência para efeitos de aplicação da lei* não é *integral*. Tal se deve à circunstância de, ainda que se convoque a disciplina em matéria de responsabilidade civil, não se poder dar resposta afirmativa ao *quesito implícito* nessa convocação: é legítimo proceder a uma extensão *genérica* das posições activas e passivas que incumbem *ex lege* (ou por força da organização desenhada nos estatutos) aos membros do órgão de administração aos administradores de facto, com a consequente submissão, em caso de incumprimento, às respectivas acções de responsabilidade pelos prejuízos causados pelos seus actos e/ou omissões, de acordo com os arts. 72.° e ss?

A negação dessa legitimidade surge basicamente por culpa da *habilitação limitada* do administrador de facto para realizar certos actos. A limitação é resultante do requerimento, em princípio, da investidura (constituída e produtora de efeitos) para a administração (o que será justamente mais evidente para as tarefas de *organização e funcionamento internos* da sociedade). Daqui resulta que nem todos os *poderes* e *obrigações* de *cariz administrativo-social* estão no programa dos administradores de facto.

Penso em algumas situações: representar a sociedade na celebração de actos e negócios formais ou litígios judiciais, que impliquem a demonstração escrita(-formal) dos poderes de representação; convocar a assembleia, se for o caso (arts. 248.°, n.° 3, 189.°, n.° 1, 474.°), ainda que se admita que possam requerer a convocação nos termos do art. 375.°, n.os 1 (por via da influência sobre os órgãos sociais) e 2 (se for sócio que detenha 5% ou mais do capital social); providenciar actos de registo, publicações, comunicações, informações e relatórios respeitantes às sociedades (v. art. 29.º, n.º 1, CRCom., e várias actuações no relacionamento com a CMVM: p. ex., para as "sociedades abertas", v. arts. 16.º e 17.º, CVM), bem como protagonizar as relações com os outros órgãos (*v. g.*, através do assento na assembleia dos sócios, se não for sócio: art. 379.º, n.º 4); elaborar e subscrever declarações e (outros) relatórios (para o aumento de capital, a fusão, a cisão e a transformação, cfr. arts. 93.º, 98.º, 99.º, 102.º, 107.º, 119.º, 120.º, 132.º); elaborar e submeter à apreciação dos sócios o relatório de gestão, as contas do exercício e demais documentos de prestação de contas (arts. 65.º, n.º 1, 263.º, 451.º); efectuar o registo em acta das deliberações por voto escrito (art. 247.º, n.º 6); exigir remuneração (arts. 192.º, n.º 5, 255.º, 399.º, 429.º); adquirir a qualidade de liquidatários de sociedade dissolvida (art. 151.º, n.º 1); não serem afastados (pela destituição) sem justos motivos (ou a receberem indemnização pelos prejuízos sofridos pela falta de causa); etc.

Reclame-se, apesar da ilusória contradição, que são precisamente *os poderes de gerir as actividades da sociedade* e *representar externamente a sociedade perante terceiros* como os administradores de direito (nos termos *gerais* dos arts. 192.º, n.º 1, 252.º, n.º 1, 405.º, n.ᵒˢ 1 e 2, 431.º, n.ᵒˢ 1 e 2) que permitem sublimar a administração de facto[11].

Sublinhe-se, por outro lado, que a falta de competência *orgânica* para aqueles actos (que, note-se, não é de entendimento consensual; até já se etiquetou o administrador de facto como verdadeiro membro, ainda que *fáctico*, do órgão de administração) não impede a realização efectiva desses ou outros actos (e omissões:

---

[11] Repare-se que o relacionamento com terceiros não acontece, por definição, no administrador de facto *indirecto*. Todavia, mesmo para as restantes modalidades de administrador de facto, não é unânime a exigência do cumprimento de actos externos e a apresentação em face de fornecedores, trabalhadores, clientes e financiadores como administrador representante da sociedade. Para quem a contraria, bastará uma actividade de carácter *interno* e dispensa-se uma exteriorização a título representativo para a existência da gestão de facto.

p. ex., negar o direito à informação de um sócio) e é essa actuação que deverá ser sindicada. Independentemente das restrições *apriorísticas* que possamos colocar à sua acção, interessa a avaliação, para acertar a imputação de responsabilidade a quem não ostenta a condição de administrador, do que foi desempenhado em concreto.

Mas não só. Deriva das experiências estrangeiras (nomeadamente alemã e italiana) que uma equivalência integral influenciou *nocivamente* os critérios de identificação da espécie dos administradores de facto. A assimilação entre a situação de facto e a situação de direito acarretou a busca de uma *génese formal* da relação administrativa de facto. Assim, em traços simples, só teríamos presente um administrador de facto se conseguíssemos identificar uma manifestação de vontade negocial, ainda que inválida, irregular ou tácita, dos órgãos sociais competentes que, ao mesmo tempo que fosse acompanhada por uma aceitação tácita (por factos concludentes) do sujeito, fosse idónea a constituir um vínculo *orgânico* entre ele e a sociedade e a autorizar a responsabilidade própria dos administradores pela sua actuação. Em particular, uma deliberação dos sócios que tivesse como pressuposto no seu conteúdo a designação *implícita* dos administradores "supostamente" de facto. Como poderia ser a deliberação que aprova o relatório de gestão e os documentos contabilísticos, *apresentados pelo administrador de facto na assembleia respectiva*, a que decide a acção de responsabilidade proposta pela sociedade *contra sujeito que administrara a sociedade mas não era administrador formal* ou a venda de um estabelecimento em assembleia *"convocada" pelo gerente de facto*. E por aí fora.

Em alternativa a essas deliberações, a saída seria identificar um comportamento positivo dos sócios *fora da assembleia*, ou (e até) dos administradores de direito (enquanto titulares do órgão social dotado de representatividade legal) ou do órgão de fiscalização – todos eles "comportamentos que expressam a vontade do ente social" –, que significasse a aceitação pela sociedade dos resultados da actividade do administrador de facto e fizesse presumir que anteriormente fora adoptada uma deliberação de designação pelos sócios.

Hoje esta é uma construção ultrapassada. Vai engrossando o elenco de vozes que condenam a *ficção de designação* em que ela acaba por cair. Não há que indagar *a posteriori*, depois da actuação, qualquer vontade da sociedade para fundar a administração de facto. Essa vontade nada acrescenta ao tipo de actividade concretamente exercida – *exercício de facto das funções* –, que permanece como o único elemento cuja subsistência tem de ser verificada a fim de ser fonte de responsabilidade. Este deve ser o único critério: a administração *extra-institucional*, enquanto relação de facto, nasce por definição na *execução* de uma situação próxima da formal (assente na prática de, *prima facie*, uma *série* de actos de administração[12]).

Logo, voltando ao início, seja pela não coincidência do inventário de poderes e obrigações, seja pela não comunhão do instru-

---

[12] Em princípio, como terceira nota a vindicar para a figura do administrador de facto responsável, não chegará a realização de um ou vários actos isolados, antes uma actividade repetida com uma certa *permanência* e *sistematicidade*, estável durante um significativo arco temporal. Em princípio, disse, pois, sendo essa uma nota consensual de densificação do conceito, tudo aconselha, em matéria de responsabilidade, ao ressarcimento dos prejuízos ocorridos em função de um comportamento *ocasional* integrável no âmbito da gestão (como parece ser aceite pela nossa jurisprudência administrativo-tributária, ainda que em resposta à busca de administração de facto como requisito para responsabilizar os administradores de direito). Assim será, parece-me, desde que a sua dimensão e relevo económicos demonstrem, por um lado, a exibição clara da independência e do poder do administrador de facto e, por outro, uma forte importância ou influência decisiva desse acto para o funcionamento e subsistência da sociedade e/ou das suas empresas (um mútuo bancário com elevados encargos, uma venda de participações de sociedade participada sem contrapartida justa, o afastamento "sem adequada motivação" de um director de produção que se revelara profissional dedicado e cumpridor e ingressa depois com sucesso em empresa directamente competidora, etc.).

Essa sistematicidade(-regra) deverá ser acompanhada do *conhecimento e/ou consentimento dessa actuação pelos sócios e/ou dos administradores de direito*. Não se vê como um sujeito, conhecido ou estranho, mas desprovido de poderes, possa realizar uma ingerência e/ou uma influência de tipo sistemático na gestão estratégica com a oposição dos sócios e/ou dos administradores de direito. (V. *supra*, ns. 4 e 5.)

mento de nascimento da relação de administração (*designação* vs. *execução*), a lei, sem menção expressa, deverá referir-se apenas aos titulares formais do órgão de administração. Na letra da lei não se encontrará argumento indeclinável para acolher *todo aquele que actuou como administrador*. Mas já vimos que esta hipótese deve estar no seu *espírito*: a disciplina da responsabilidade civil deve ser *formatada* em termos funcionais[13]. Tomando como parâmetros *as prescrições que disciplinam a actuação dos administradores e que possam ser aplicáveis aos administradores de facto* (claramente problematizantes quando se pretende fiscalizar as *omissões*), justifica-se, assim, uma interpretação *extensiva*, susceptível de fazer corresponder *quantum satis* aos administradores de facto o regime próprio dos administradores *de jure* para efeitos de responsabilidade[14].

3. Deveres de boa administração e responsabilidade civil dos administradores de facto

Nesse juízo de aplicabilidade, o estatuto peculiar assumido pelos administradores de facto preclude uma *transposição mecânica*

---

[13] Dir-se-á, porém, que a letra da lei não estará totalmente desfasada deste espírito. Os arts. 72.º («actos ou omissões *praticados*») e 79.º («no *exercício* das suas funções«) induzirão o intérprete a entender que o pressuposto de aplicação do regime é o desempenho efectivo do cargo, *independentemente* da regularidade da nomeação. A minha perspectiva é diferente: diria que esse argumento confirma a extensão. Tudo o mais é, implicando um verdadeiro pressuposto da existência de administração de facto, pressupor que a lei se vergaria perante a irregularidade ou a falta de vigência do título.

[14] Inclina-se neste sentido o documento reformador da CMVM *Governo das sociedades anónimas: propostas de alteração ao Código das Sociedades Comerciais* (v. *supra*, n. 10): "também não é certo que o conceito de administrador de facto não possa já ser tido por pertinente no âmbito dos preceitos relativos à responsabilidade civil dos administradores (…). De facto, um adequado uso da metodologia jurídica poderá permitir justamente essa possibilidade. Caberá à doutrina e à jurisprudência explorá-lo ou negá-lo". Situo-me na primeira destas duas vias.

e imediata das normas que se convocam para apreciar a responsabilidade dos administradores regularmente nomeados. Haverá um catálogo de normas que pressupõe a aptidão formal do sujeito que exerce a administração diferente de um outro catálogo (integrado no anterior mas de circunferência com menor diâmetro) em que prevalece o aspecto substancial da administração ou do estatuto de administrador.

Num ensaio necessariamente tímido, identificamos neste último raio de disposições:

i) a obrigação *genérica* de administrar, com a diligência do já mencionado «gestor criterioso e ordenado» e lealdade[15], no interesse da sociedade e tendo em conta os interesses dos sócios e dos trabalhadores (art. 64.°); que tem como reflexos mais evidentes as obrigações de não infringir as cláusulas do contrato social e as deliberações sociais que delimitem o objecto social ou proíbam a prática de determinados actos (arts. 6.°, n.° 4, 259.°, 373.°, n.° 3, 405.°, n.° 1, 2.ª parte), de não praticar negócios que violem a especialidade do fim social (arts. 160.°, n.° 1, CCiv., 6.°, n.° 1, completado pelos n.ᵒˢ 2 e 3), de respeitar os princípios de garantia do "capital social", no sentido de não dar execução a deliberações sociais que infrinjam as normas dos arts. 32.° (distribuição de bens aos sócios) e 33.° (distribuição de lucros e de reservas impostas por lei ou pelo contrato de sociedade), tal como se determina no art. 31.°, n.° 2 (mas

---

[15] Coloco-me desde já na linha da *Proposta de articulado modificativo do Código das Sociedades Comerciais* apresentada pela CMVM, na sequência do documento nomeado na n. anterior (in http://www.cmvm.pt/consultas_publicas/cmvm/proposta_articulado_csc.pdf, Complemento ao Processo de Consulta Pública n.° 1/2006). Aí o art. 64.° (no seu n.° 1) aparece *enriquecido* com a obrigação de lealdade dos administradores. A *intentio legis* é complementar a vinculação a deveres de diligência (*duties of care*) e permitir "concretizações aplicativas mais amplas, designadamente em termos do dever de não aproveitamento de oportunidades societárias".

cada norma deve ser objecto de um *check-up* em concreto: nesta circunstância, a falta de forma obviará à aplicação do n.º 3 e à legitimidade para requerer inquérito judicial, em nome da sociedade, para verificação das distribuições ilícitas); etc.;

ii) as obrigações *específicas* apostas para o correcto exercício das funções administrativas: não concorrência com a sociedade (arts. 254.º, em especial o n.º 5, 2.ª parte, 398.º, n.º 3, 428.º); prestar informações (em algumas das suas vertentes) aos sócios interessados, nomeadamente se for o único gestor "envolvido" na administração (arts. 214.º, n.os 1, 2, *in fine*, 3 e 7, 290.º, 291.º); proibição de celebrar com a sociedade os negócios referidos no art. 397.º, n.º 1 (obter empréstimos ou crédito, fazer pagamentos por sua conta, obter garantias a obrigações suas – não se deverão incluir os adiantamentos de remunerações); proibição de dar execução a deliberações sociais nulas (v. arts. 72.º, n.º 4, *a contrario*, 412.º, n.º 4), bem como as deliberações nulas ou anuladas de "sociedade aberta", nas circunstâncias do art. 24.º, n.º 3, CVM; incluir informação correcta da sociedade oferente em prospecto relativo a oferta pública de valores mobiliários (arts. 149.º, n.º 1, al. *b)*, 135.º, CVM); actuar com boa fé e lealdade no decurso de uma "oferta pública de aquisição" (em relação à sociedade visada: art. 181.º, n.º 2, al. *d)*, CVM); etc.;

iii) as obrigações derivadas da *simultânea qualidade* de sócio: p. ex., o impedimento de voto para matérias em que se encontre em conflito de interesses (arts. 251.º, 384.º, n.os 6 e 7), desde logo para deliberações que têm por objecto o exercício da acção social de responsabilidade contra si (cfr. art. 75.º, n.º 3).

Nestas circunstâncias, a violação destas obrigações confere *em certa medida* ao administrador de facto uma relação de *pari-*

dade ou *igualdade* com a correspondente figura de direito. O que não postula uma equivalência mas vale para sustentar *de iure condito* uma *técnica sancionatória*.

Porém, o confronto da posição intrinsecamente ilegítima do sujeito com a disciplina jussocietária levanta inúmeras interrogações (e a necessidade de uma cuidada interpretação). Duas perguntas para o ilustrar.

Não afasto liminarmente que se pondere a configuração de responsabilidade civil pelos danos causados pela ausência de convocação ou requerimento de convocação da assembleia de sócios em caso de perda de metade do capital social (art. 35.°, n.° 1), destinada à informação dos sócios e adopção das medidas convenientes (e também responsabilidade criminal: cfr. art. 523.°). *Ainda que não tenha legitimidade formal* para fazer a convocação ou para requerer a convocação (arts. 248.°, n.° 3, 375.°, n.° 1), não será razoável censurar uma omissão prejudicial do administrador de facto?

Igualmente se deverá questionar a responsabilidade civil pela falta de (ou tardia) «iniciativa da apresentação à insolvência» (arts. 6.°, n.° 1, al. *a)*, 18.°, n.° 1, 19.°, CIRE). Será curial estender aos administradores de facto o dever de requerer a insolvência (como se fez *communis opinio* na Alemanha) e submetê-los (solidariamente com os administradores de direito) ao ressarcimento dos prejuízos resultantes da abstenção, em particular os gerados na esfera dos credores que obtiveram créditos quando já estavam verificadas as condições para a situação de insolvência da sociedade devedora?

Ilustração que, para não exibirmos mais inquietações, servirá para reflectir sobre a justa medida do *perímetro subjectivo* da eficácia das regras de organização e de governo das sociedades e decidir até onde se deve espraiar o risco de *insucesso económico* da empresa para quem *de facto*.

A TRANSFERÊNCIA INTERNACIONAL DA SEDE SOCIAL NO ÂMBITO COMUNITÁRIO

MARIA ÂNGELA COELHO BENTO SOARES

ABREVIATURAS

BFDUC – Boletim da Faculdade de Direito da Universidade de Coimbra
Colect. Jur. – Colectânea da Jurisprudência do Tribunal de Justiça
DB – Der Betrieb
GmbHR – GmbH-Rundschau
GPR – Zeitschrift für Gemeinschaftsprivatrecht
J.O.C.E. – Jornal Oficial das Comunidades Europeias
J.O.U.E. – Jornal Oficial da União Europeia
Rev. trim. dr. eur. – Revue trimestrielle de droit européen
RIW – Recht der Internationalen Wirtschaft
ZGR – Zeitschrift für Unternehmens- und Gesellschaftsrecht
ZHR – Zeitschrift für das gesamte Handelsrecht und Wirtschaftsrecht
ZvglRWiss – Zeitscrift für Vergleichende Rechtswissenschaft

Sumário

- A transferência internacional da sede enquanto instrumento de reestruturação e mobilidade das empresas societárias.
  - Distinção entre transferência da sede real e transferência da sede estatutária.
  - Factores que podem condicionar a opção por esta via. Alusão, de um modo especial, aos constrangimentos de ordem jurídica impostos pelos Estados envolvidos. Referência ao caso português.
- A transferência internacional da sede como uma das modalidades de exercício do direito de estabelecimento reconhecido às sociedades no âmbito da União Europeia?
  - Consideração dos artigos 43.º e 48.º do Tratado CE – normas que consagram a chamada liberdade de estabelecimento das sociedades "comunitárias".
  - A questão posta encarada sob o prisma da *transferência da sede real*: as soluções jurisdicionais (do Tribunal de Justiça) que demonstram uma grande abertura em relação à tutela da liberdade de estabelecimento no Estado de acolhimento das sociedades (imigração de sociedades), mas continuam a não reconhecer a mesma tutela no Estado de origem (emigração de sociedades).
  - A questão olhada sob o ponto de vista da transferência da *sede estatutária* (que implicará sempre uma alteração do estatuto pessoal da sociedade): a actual posição das instâncias comunitárias, que consideram necessário coordenar, por intermédio de uma directiva, as ordens jurídicas nacionais para garantir às sociedades a possibilidade de optarem por esta via para exercer o seu direito de estabelecimento. Alusão aos recentes trabalhos preparatórios da proposta da chamada 14.ª Directiva, que versará sobre esta matéria.

A – Introdução

1. A crescente integração do mercado único comunitário implica cada vez mais para as empresas a realização das suas actividades a nível transfronteiriço na União Europeia.

Todavia, não raramente acontece que a expansão dos negócios para além do território de origem das empresas conhece obstáculos vários, mormente de ordem jurídica.

Conscientes desta situação, e interpeladas pelos agentes económicos, as instâncias comunitárias têm vindo a demonstrar um crescente empenhamento na procura de soluções tendentes a remover ou minimizar os entraves que obstam à mobilidade das empresas europeias; assim pretendendo criar as condições necessárias para que o planeamento da actuação empresarial obedeça a uma estratégia assente sobretudo em motivações de ordem económico-concorrencial.

2. Foi a tomada de posição da Comissão Europeia, em 2003, a este respeito[1], que acelerou sobremaneira a marcha dos procedimentos tendentes a adoptar os mecanismos jurídicos susceptíveis de propiciar a reestruturação e a mobilidade transfronteiriça das empresas europeias. Essa posição da Comissão, apoiada de imediato pelo Parlamento Europeu[2] e pelo Conselho Económico e Social[3],

---

[1] Cfr. a comunicação da Comissão ao Conselho e ao Parlamento Europeu intitulada *Modernizar o direito das sociedades e reforçar o governo das sociedades na União Europeia – Uma estratégia para o futuro*, COM (2003) 284 final, de 21.5.2003.

[2] Veja-se o relatório da Comissão dos Assuntos Jurídicos e do Mercado Interno do Parlamento Europeu sobre o documento referido na nota anterior, de 7.4.04 – Documento de Sessão A5 – 0253/2004.

[3] Cfr. o Parecer do Comité Económico e Social Europeu sobre o documento em causa da Comissão, de 10.12.03 – Doc. INT/186 "Direito das sociedades / Governo das sociedades".

foi desencadeada pelas recomendações feitas no chamado Relatório Winter, elaborado por um grupo de peritos, em 2002[4].

Nesse Relatório, expressamente se afirma que a União Europeia deveria cuidar muito particularmente de pôr à disposição das empresas estruturas que facilitem as suas actividades e reestruturação transfronteiriças. Subordinadas ao objectivo geral *Promover a eficácia e a competitividade das empresas europeias*, algumas das recomendações dos peritos a este respeito vão no sentido de se conceber e pôr em prática mecanismos do direito das sociedades que reforcem a eficácia e competitividade das empresas na Europa. Neste sentido, deveria ser posta a tónica na eliminação dos obstáculos ao exercício de actividades transnacionais: o mercado único europeu torna-se uma realidade cada vez mais tangível e as empresas societárias deverão tornar-se competitivas à escala deste mercado[5].

3. Entre as iniciativas da Comissão, visando alcançar o objectivo geral da reestruturação e mobilidade das empresas, conta-se a elaboração de uma proposta de directiva, tendente a assegurar, por via legislativa, às sociedades comunitárias a possibilidade de transferirem a sua sede de um Estado-membro para outro.

Adiante se fará referência mais detalhada a essa iniciativa da Comissão, que se interliga directamente com o tema desta comunicação. Antes, porém – e para melhor fazer ressaltar o alcance dessa projectada medida legislativa – convém fazer algumas considerações gerais sobre a questão da transferência internacional da sede societária.

---

[4] É conhecido pelo nome do seu presidente (JAAP WINTER) o grupo de peritos em direito das sociedades criado pela Comissão Europeia, em Setembro de 2001, com o mandato de apresentar recomendações com vista à modernização do direito societário na União Europeia.

[5] Cit. Relatório, p. 33.

B – A transferência internacional da sede. Obstáculos estaduais de ordem jurídica

1. A transferência da sede pode apresentar-se para a sociedade como a medida mais conveniente[6] para levar à prática a sua estratégia empresarial, quando ela pretenda aproveitar as vantagens proporcionadas por espaços económicos diversos do seu país de origem.

Estratégia essa que pode passar pela mudança de localização dos centros empresariais da sociedade ou então (ou ainda) pela alteração dos laços jurídico-societários que a ligam a determinada ordem jurídica.

Na verdade, quando se fala em transferência de sede societária, há que distinguir entre a transferência da *sede estatutária* e a transferência da *sede real*.

Por *sede estatutária* entende-se o local designado como tal no contrato de sociedade, local esse que será fixado, no comum dos casos, no Estado da constituição da sociedade ou, melhor, no Estado à luz de cuja legislação a sociedade se constituiu.

Quanto à *sede real*, há hoje uma certa convergência de pontos de vista[7], no sentido de ela ser reportada ao local onde efectivamente se situa e toma decisões a administração da sociedade,

---

[6] Quando comparada essa medida com outras de que a sociedade poderia lançar mão: v.g., fusão transfronteiriça, criação de sucursais ou filiais noutros países, aquisição de participações sociais em sociedades estrangeiras, etc..

[7] Embora não haja unanimidade a este respeito, em geral entende-se que a sede da administração da pessoa colectiva se situa no lugar onde os seus órgãos de direcção superior e de controlo existem e funcionam. Assim, por exemplo, entre nós, relativamente à nacionalidade, FERRER CORREIA, *Lições de Direito Internacional Privado*, I, Almedina, 2000, p. 86. Cfr. também LIMA PINHEIRO, *Direito Internacional Privado – Parte especial (Direito de Conflitos)*, Almedina, 1999, ps. 75 e ss. (que valoriza para este efeito os órgãos de direcção).

o local onde se encontra o centro de decisão da empresa societária[8].

2. Ora, a sociedade, com vista à respectiva "internacionalização", pode encarar, como mais adequada às suas pretensões, a transferência da *sede real, efectiva*, mantendo a sua ligação jurídico-formal com o Estado onde está sediada e onde, eventualmente, se constituiu. Isto é, nesta hipótese, a sociedade querendo continuar a ser havida como sociedade de direito desse Estado, pretende unicamente estabelecer num outro Estado a sua sede de administração: provavelmente porque exerce ou quer passar a exercer a sua principal actividade no território deste último Estado.

Mas a pretensão da sociedade pode dirigir-se, antes, à transferência da *sede estatutária*. A prática tem revelado, de facto, que uma sociedade, em vista da sua melhor implantação num dado espaço económico, pode achar vantajoso alterar os seus laços jurídico-formais. Na perspectiva da sociedade, nesses casos, o seu planeamento empresarial passará por vincular-se a uma ordem jurídica diferente da do seu Estado de origem.

Nesta última hipótese, estamos em crer que a sociedade, no comum dos casos, terá interesse em transferir a sua sede real, de par com a sede estatutária (sobretudo quando elas se situam no mesmo Estado). Mas é configurável que a sociedade pretenda continuar com a sede real no Estado em que actualmente se encontra e apenas queira alterar o seu enquadramento jurídico-formal.

3. Simplesmente, os possíveis interesses de uma sociedade em utilizar a via da transferência da sede, que se lhe apresente apropriada para o desenvolvimento das suas actividades, podem deparar

---

[8] Dando conta das dificuldades que poderão existir na prática para a determinação desse local, veja-se, por ex., FERNANDEZ DEL POZO, *El traslado internacional de domicilio de la sociedad europea* (*societas europaea*), Revista de Derecho Mercantil, 2003, ps., 1484 e ss..

54 *A Transferência Internacional da Sede Social no Âmbito Comunitário*

com obstáculos impostos pelos Estados coenvolvidos na operação projectada. Assim, para além de outros, como os de natureza fiscal, surgem obstáculos de ordem jurídico-societária, aqueles que aqui nos importa considerar.

3.1. Desde logo, há que ter em conta a dificuldade representada pela desarmonia existente entre as normas de conflitos dos vários Estados, que utilizam diferentes critérios para a identificação da denominada *lex societatis*. É que esta lei, enquanto definidora do estatuto pessoal da sociedade, relevará para efeitos da admissibilidade e dos requisitos da transferência internacional da sede.

Quando, por qualquer via, a sociedade entre em contacto com mais do que uma ordem jurídica nacional, faz-se mister determinar qual delas será chamada a definir o que vem sendo designado por *estatuto pessoal* societário.

Na verdade, as discrepâncias verificadas entre as legislações dos vários Estados tornam necessária, em caso de "internacionalização" da sociedade, a determinação da sua lei pessoal. Lei essa que, como alguém refere, deve ser a sua "lei de competência permanente"[9]: o estatuto societário deve ser dotado de permanência, pois tal é reclamado pelas exigências do comércio jurídico internacional e pela necessidade de disciplinar de maneira uniforme as matérias jurídico-societárias fundamentais, tais como a constituição, o funcionamento ou a dissolução da sociedade[10].

---

[9] Assim se lhe refere FERNANDES COSTA, *Da nacionalidade das sociedades comerciais*, Coimbra, 1984, onde pode encontrar-se uma alusão detalhada aos vários critérios a que se tem recorrido para determinar o estatuto pessoal das sociedades.

[10] Como já escrevemos a outro propósito (cfr. o nosso trabalho *O acórdão Inspire Art Ltd: novo incentivo jurisprudencial à mobilidade das sociedades na União Europeia*, in Temas de Integração, n.° 17, 2004, ps. 123 e ss.), apesar das dúvidas levantadas na prática a propósito do enquadramento de certas matérias, cremos que aquelas que devem incluir-se no estatuto pessoal societário se reconduzem, *grosso modo*, ao elenco feito no artigo 33.°, n.° 2, do nosso Código Civil: "a capacidade da pessoa colectiva; a constituição, funcionamento e compe-

Como salientámos já, não coincidem as várias ordens jurídicas na escolha dos critérios relevantes para a determinação da *lex societatis*. Se bem que outras sejam configuráveis e tenham já cobrado relevo prático, podemos, todavia, cingir-nos hoje a duas grandes orientações neste domínio – e que se traduzem em outras tantas opções legislativas[11]:

a) A que segue o modelo da *constituição* ou *incorporação*, de acordo com o qual a sociedade é regida pela ordem jurídica ao abrigo da qual se constituiu – ordem jurídica do Estado onde, por norma, está fixada a sede estatutária da sociedade. Privilegia-se, deste modo, um elemento jurídico-formal na determinação da lei competente para reger as matérias em que se desdobra o estatuto pessoal societário. Por outro lado, os Estados partidários desta orientação reconhecerão as sociedades estrangeiras validamente constituídas à luz da lei de outro Estado, qualquer que seja o local onde exerçam as suas actividades e onde quer que esteja situada a sua sede efectiva.

Os seguidores desta orientação – que, sendo oriunda de Inglaterra, vemos perfilhada em vários sistemas jurídicos mesmo fora da área anglo-saxónica[12] –, terão visto nela as vantagens que a dou-

---

tência dos seus órgãos; os modos de aquisição e perda da qualidade de associado e os correspondentes direitos e deveres; a responsabilidade da pessoa colectiva, bem como a dos respectivos órgãos e membros, perante terceiros; a transformação, dissolução e extinção da pessoa colectiva". A própria constituição da sociedade está, parece-nos claro, sujeita à lei pessoal, embora não conste daquela enumeração.

[11] Para uma apreciação crítica dessas orientações vejam-se, por ex., LIMA PINHEIRO, *O direito aplicável às sociedades. Contributo para o Direito Internacional das Sociedades*, in Revista da Ordem dos Advogados, 1998, II, sobretudo ps. 737 e ss. e PILAR BLANCO-MORALES LIMONES, *La transferencia internacional de sede social*, Aranzadi Editorial, 1997, ps. 31 e ss..

[12] Para além da Inglaterra e dos Estados Unidos, vemos a teoria da constituição ou incorporação acolhida em vários sistemas jurídicos da Europa continental, v.g. Holanda, Dinamarca, Suíça, Irlanda e Liechenstein.

trina liga sobretudo aos valores da tutela da autonomia da vontade, da certeza e segurança jurídicas e da liberdade de movimento das sociedades.

Argumenta-se com o facto de os interessados, ao escolherem uma determinada lei estadual como lei de constituição da sociedade, terem pretendido certamente que esta seja regulada por essa lei nos seus aspectos fundamentais, isto é, pretenderem que seja essa a *lex societatis*.

Para além disso, faz-se ressaltar que, sendo facilmente identificável o elemento de conexão relevante para efeitos de determinação da lei pessoal, a opção pela teoria da constituição promoverá a certeza jurídica que servirá todos os interesses envolvidos na actuação societária.

Finalmente – diz-se – a estabilidade e permanência do estatuto pessoal favorecidas pela opção em causa terão importantes reflexos a nível da mobilidade internacional da sociedade, já que esta, por exemplo, poderá deslocar para o território de outro Estado a sua sede real, sem que isso deva implicar uma alteração da *lex societatis*.

b) Todavia, as vantagens apontadas não foram reconhecidas naqueles sistemas jurídicos (os da maioria dos Estados da Europa continental[13]) em que, prevalecendo a chamada *teoria da sede* (real ou efectiva), a lei pessoal da sociedade é determinada pela localização da sede administrativa.

Parte-se agora da ideia de que a sociedade deve ser regulada fundamentalmente pela lei do Estado com o qual ela apresenta

---

[13] As origens da teoria da sede situam-na os autores nas doutrinas alemã e francesa dos inícios do séc. XIX (cfr. PILAR BLANCO-MORALES LIMONES, *op. cit.* nota *(11)*, p. 65). A Alemanha e a Áustria seguem a teoria da sede na sua forma mais radical. Outros países, perfilhando embora essa teoria, temperam-na com alguns ingredientes da teoria da constituição. Para o caso de Portugal, que também parte da utilização da sede como critério de determinação do estatuto pessoal das sociedades, veja-se o que diremos *infra*, **3.3.**.

uma conexão material, traduzindo a sede efectiva a ligação mais forte e mais estável neste domínio[14]. Entende-se que só assim se poderão tutelar eficazmente os interesses postos em causa pelo desenrolar da actividade social: o interesse público, os interesses dos credores sociais, dos trabalhadores, dos sócios, sobretudo dos minoritários.

Acrescenta-se ainda que, contrariamente à teoria da constituição ou da incorporação, a teoria da sede desincentiva a escolha da lei de constituição de uma sociedade com base unicamente na consideração do maior ou menor rigor dos requisitos exigidos pelas várias ordens jurídicas (requisitos tendentes a tutelar todos ou alguns dos interesses acabados de apontar)[15]. A admissibilidade de uma *lex societatis* alheada do centro de gravidade da sociedade, relevando para a sua determinação apenas uma ligação jurídico-formal, abriria caminho para aquilo que se vem designando por concorrência entre ordens jurídicas (*competition among rules*) no domínio societário, que conduziria a um "nivelamento por baixo" das várias legislações[16].

---

[14] No dizer de BAPTISTA MACHADO, *Lições de Direito Internacional Privado*, 1974, p. 346, a sede efectiva da administração principal representa o vínculo de maior consistência entre uma pessoa colectiva e um dado ordenamento estadual.

[15] Embora tenham sido já aprovadas várias directivas comunitárias tendentes a harmonizar as legislações societárias dos Estados-membros da União Europeia, a verdade é que, mesmo neste espaço de integração, subsistem ainda algumas diferenças entre elas, em áreas consideradas relevantes. É o caso precisamente da matéria da transferência internacional da sede, embora, como já aludimos e veremos mais à frente em pormenor, se constatem esforços dos órgãos comunitários, no sentido de criar um diploma de harmonização das ordens jurídicas internas neste domínio.

[16] Fala-se a este propósito de "race to the bottom" ou "race for laxity". O fenómeno de atracção provocado pelas ordens jurídicas dos Estados que procuram oferecer as condições mais liberais e mais vantajosas para a constituição das sociedades no seu território é conhecido por "síndrome ou efeito Delaware", atendendo ao facto de, a partir de certa altura, a legislação deste pequeno Estado

3.2. Como em qualquer transferência internacional da sede societária estão envolvidos dois ordenamentos jurídicos – o da origem e o do destino –, e verificando-se que eles entram em conflito quanto ao critério de determinação da *lex societatis*, logo por aqui a referida operação de transferência se pode ver rodeada de incerteza e dificuldades.

Das breves considerações feitas acima acerca da teoria da constituição ou incorporação, por um lado, e da teoria da sede, por outro, resulta que difere a posição de princípio dos sistemas jurídicos consoante sejam tributários de uma ou de outra dessas teorias.

O que fundamentalmente se constata é que os sistemas que partem da teoria da constituição ou incorporação estão em condições de reconhecer às sociedades uma maior liberdade de circulação. Na verdade, sendo irrelevante, da perspectiva daquela teoria, o factor de conexão sede real ou efectiva da sociedade, não tem sentido criar obstáculos à transferência internacional da sede administrativa: essa transferência não implica alteração do estatuto pessoal, já que este continuará a corresponder ao da lei de constituição da mesma sociedade. Qualquer que seja o Estado onde vá localizar a sua sede real, a sociedade permanecerá como sociedade de direito do Estado da constituição.

Já pelo que toca a eventual transferência internacional da sede estatutária, é concebível que ela se defronte com dificuldades, mesmo no âmbito dos sistemas jurídicos que ora temos em vista:

---

norte-americano se apresentar como a mais favorável para aquele efeito. Cfr. PILAR BLANCO-MORALES LIMONES, *op. cit.* nota *(11)*, ps. 53 e ss.. Sobre a evolução e o significado actual do sistema jurídico-societário daquele Estado, vejam-se MARKUS PAPMEHL, *Delaware Corporate Law: Entstehungsgeschichte und Gründe für den Führungsanspruch im US-Gesellschaft*, in ZvglR Wiss. 2002, ps. 200 e ss., MALHERBE-JONET, *Concurrence entre juridictions en droit américain des sociétés. Un regard européen sur le syndrome du Delaware*, Revue de Droit international et de Droit Comparé, 2.° trim. 2003, ps. 141 e ss. e STEPHAN GÖTHEL, *Delaware bestätigt Gründungstheorie und schützt Pseudo-Forein Corporations*, RIW, 1/2006, ps. 41 e ss..

nesses casos, com efeito, a transferência da sede desencadeará normalmente uma alteração do estatuto pessoal, pretendendo a sociedade ligar-se à ordem jurídica do Estado da nova sede estatutária.

Considerando agora os sistemas que se filiam na outra grande orientação – a da teoria da sede – conclui-se, do que já dissemos, que eles não tendem a favorecer a mobilidade internacional das sociedades. Na verdade, fazendo corresponder a *lex societatis* ao ordenamento que vigora no Estado de localização da sede real, na óptica desses sistemas a transferência internacional desta implicará sempre uma sucessão do estatuto pessoal societário: a apreciação jurídica das matérias que integram este estatuto, num dado momento, será feita à luz da lei estadual com a qual nesse momento estiver conexionada a sede real. Mas, para além da instabilidade do estatuto pessoal da sociedade, a defesa da teoria da sede tem levado mesmo a questionar a possibilidade da simples transferência da sede real: por exemplo, na perspectiva da doutrina e jurisprudência alemãs mais radicais, o "abandono" do território de um Estado onde se localizava a sua sede, implica o desaparecimento da sociedade enquanto pessoa colectiva do direito desse Estado.

3.3. Às perspectivas e incertezas geradas a *nível conflitual*, pela diversidade de critérios utilizados pelos ordenamentos jurídicos, com vista à determinação da lei pessoal das sociedades, juntam-se as disparidades verificadas na *regulamentação material* da transferência internacional da sede.

a) Assim, num extremo, podemos situar os sistemas jurídicos que, da sua adesão à teoria da sede, retiram as consequências mais radicais: a transferência da sede implicará sempre a perda da personalidade jurídica da sociedade. Está neste caso, como já referimos, o sistema alemão, face ao qual está praticamente inviabilizada a migração societária (*do* e *para* o território da Alemanha).

b) No outro extremo, tender-se-ia a colocar os Estados cujos ordenamentos jurídicos traduzissem a opção pela teoria da constituição ou incorporação. Sobretudo quando o Estado de partida e o Estado de acolhimento aplicassem aquela teoria, seria crível que não houvesse escolhos à circulação das sociedades, conservando estas a sua personalidade de origem[17].

Mas mesmo nas situações em que estão em causa relações entre Estados seguidores da teoria da constituição, a transferência da sede real pode encontrar entraves. Tal sucedeu no caso que deu origem a um célebre acórdão do Tribunal de Justiça – o acórdão Daily Mail[18]: uma sociedade constituída de acordo com a lei da Inglaterra – Estado que segue a teoria da incorporação –, tendo aqui a sede estatutária e a sede real, pretendia transferir esta última para a Holanda – Estado que perfilha a mesma teoria –, conservando contudo a sua identidade de sociedade de direito inglês. Para tanto, necessitava de uma autorização das entidades fiscais britânicas, que não lha concederam, pelo que ficou inviabilizada a projectada operação de transferência da sede.

c) A maioria dos sistemas jurídicos – mesmo os que partem da teoria da sede – não inviabilizando, embora, a transferência internacional da sede societária, colocam, no entanto, alguns obstáculos, por vezes de monta, a esta operação.

Sirva-nos agora de exemplo o direito português.

Do disposto no art. 3.°, n.° 1, do Código das Sociedades Comerciais, retira-se que o legislador utiliza, para definir a lei pessoal das sociedades comerciais, o mesmo critério já consagrado no art. 33.°, n.° 1, do Código Civil, para as pessoas colectivas em geral – o critério da sede real: "as sociedades têm como lei pessoal a lei

---

[17] Embora nestes casos se deva sempre ter em conta que não está garantido que a sociedade migrante veja a sua situação tutelada num terceiro Estado, se este for tributário da teoria da sede.

[18] Acórdão de 27.9.1988 (Colect. Jur. 1988, ps. 5483 e ss.), a que *infra* nos referiremos mais em pormenor, no contexto da liberdade de estabelecimento das sociedades na União Europeia.

do Estado onde se encontre a sede principal e efectiva da sua administração"[19]. Todavia, a relevância desse critério é mitigada pela guarida que nesse mesmo preceito recebe o critério da sede estatutária: a sociedade que tenha em Portugal a sede estatutária não pode opor a terceiros a sua sujeição a lei diferente da lei portuguesa (art. 3.º, n.º 1, 2.ª parte)[20].

Quanto à transferência internacional da *sede real*, optou o legislador pela criação de uma disciplina material específica, que consta dos n.ºs 2 a 6 do mesmo art. 3.º do Código das Sociedades Comerciais[21]. Aqui se admite[22], por princípio, essa transferência, man-

---

[19] Ficaram assim arredadas as dúvidas que levantava a aplicação deste critério na determinação da lei pessoal das sociedades comerciais, antes da publicação do Código das Sociedades Comerciais – sobre este ponto, veja-se MOURA RAMOS, *Aspectos recentes do Direito Internacional Privado Português*, BFDUC, n.º especial: Estudos em homenagem ao Prof. Doutor Afonso Rodrigues Queiró, p. 29 da separata.

[20] Sobre a relevância do critério da sede estatutária, no âmbito deste preceito, vejam-se MOURA RAMOS, *op. cit.* nota anterior, ps. 30 e ss. e LIMA PINHEIRO, *op. cit.* nota *(11)*, ps. 698 e ss. e 757 e ss.. No entender deste último autor, como o critério da sede estatutária coincide com a teoria da constituição, no nosso direito, embora indirectamente, encontrar-se-à combinada a teoria da sede e a da constituição.

[21] MOURA RAMOS, *op. cit.* nota *(19)*, p. 24, expressamente qualifica estas normas como *regras de direito internacional privado material*. Estas são regras que, no dizer do mesmo autor, são concebidas em função do carácter internacional da situação a regular: cfr. *Direito Internacional Privado e Constituição. Introdução a uma análise das suas relações*, Coimbra, 1979 (separata do volume XX do Suplemento do BFDUC), ps. 74 e ss.. Ao referir-se a tal espécie de regras, no âmbito societário, diz também BOGGIANO, *Derecho Internacional Privado*, 1978, p. 368: "Las normas materiales de D.I.Pr. *crean directamente* una solución sustancial del problema que suscita el caso multinacional y especificamente aplicable al mismo".

[22] Na vigência da legislação anterior ao Código das Sociedades Comerciais, RAUL VENTURA entendia que esta não permitia " a continuação de personalidade de sociedades cuja sede seja transferida de e para Portugal ", *in A sede da sociedade, no direito interno e no direito internacional português*, SCIENTIA IVRIDICA, tomo XXVI (1977), p. 505.

tendo-se a personalidade jurídica das sociedades em causa, se se verificarem os seguintes pressupostos:

- Em caso de *transferência da sede para Portugal*: é necessário que a lei pela qual a sociedade anteriormente se regia convenha na manutenção da personalidade jurídica e ainda que a sociedade conforme o respectivo contrato com a lei portuguesa (art. 3.º, n.º 2, do Código das Sociedades Comerciais)[23].

- Em caso de *transferência da sede de Portugal para outro país*: é necessário que o novo Estado de acolhimento concorde com a manutenção da personalidade jurídica e ainda que haja uma deliberação social de transferência da sede que "deve obedecer aos requisitos para as alterações do contrato de sociedade, não podendo em caso algum ser tomada por menos de 75% dos votos correspondentes ao capital social. Os sócios que não tenham votado a favor da deliberação podem exonerar-se da sociedade, devendo notificá-la da sua decisão no prazo de 60 dias após a publicação da referida deliberação" (art. 3.º, n.os 5 e 6, do Código das Sociedades Comerciais)[24].

---

[23] A conformação do contrato com a lei portuguesa não exigirá que a sede estatutária também seja transferida para Portugal. Assim, LIMA PINHEIRO, *op. cit.* nota *(11)*, ps. 760 e ss.. Em sentido contrário, STEIGER, *Grenzüberschreitende Sitzverlegung von Kapitalgesellschaften in Spanien und Portugal*, RIW, 1998, p. 697.

[24] Sobre o direito de exoneração dos sócios minoritários nesta hipótese, veja-se DANIELA BAPTISTA, *O direito de exoneração dos accionistas. Das suas causas,* Coimbra Editora, 2005, ps. 163 e ss., que também adere à posição da doutrina que, em caso de transferência da sede, justifica a exoneração "pelo simples facto de implicar a alteração substancial de um dos pressupostos essenciais que determinaram a adesão do accionista a determinada sociedade". Deve ter-se em atenção que, para a sociedade por quotas, rege o preceito do artigo 240.º, n.º 1, al. a), do Código das Sociedades Comerciais, o qual só atribui o direito de

Como do texto se retira, as disposições citadas apenas dizem directamente respeito à transferência internacional da sede real. Mas, apesar da falta de previsão legislativa, também a transferência internacional da sede estatutária – isoladamente da sede efectiva – parece admissível no quadro do nosso ordenamento jurídico, que não faz ligar necessariamente a sede real e a sede estatutária[25]. Também esta operação deve considerar-se sujeita aos mesmos condicionalismos[26] que vimos elencados nos n.os 2 a 6 para a transferência

---

exoneração ao sócio que tenha votado *expressamente* contra a deliberação. Como preceito especial que é, deverá este prevalecer, no domínio deste tipo social, em relação à norma geral do referido n.º 6 do artigo 3.º do mesmo Código – assim, RAUL VENTURA, *Sociedades por Quotas,* vol. II, Almedina, 1989, p. 20, CURA MARIANO, *Direito de exoneração dos sócios nas sociedades por quotas,* Almedina, 2005, p. 72 e MARIA AUGUSTA FRANÇA, *Direito à exoneração,* in *Novas perspectivas do Direito Comercia*l, Almedina, 1988, ps. 214 e s., estes últimos procurando a justificação deste regime especial na estreita ligação dos sócios à sociedade. COUTINHO DE ABREU, *Curso de Direito Comercial.* Vol. II, *Das Sociedades,* Almedina, 2002, p. 422, defende que o art. 240.º, n.º 1, al. a), contempla uma hipótese de transferência de sede estatutária, pelo que não representará uma norma especial, em relação ao art. 3.º, n.º 6, que se refere à sede real.

[25] Eventualmente com as adaptações decorrentes da necessidade de obtenção de um novo revestimento formal: a sociedade que transfere para Portugal a sua sede estatutária terá, por norma, de assumir um dos modelos conhecidos no nosso ordenamento.

[26] Dos próprios textos legais se retira a possibilidade de se localizar no estrangeiro a sede estatutária de uma sociedade com sede real em Portugal, bem como a de se fixar em Portugal a sede estatutária de uma sociedade cuja sede real se encontra num outro Estado – cfr. o teor dos preceitos do referido artigo 3.º do Código das Sociedades Comerciais e o do artigo 25.º, n.º 2, do Código do Registo Comercial.

Em comentário a uma decisão do tribunal alemão BayOLG, de 11.2.04, que não considerou admissível a permanência da personalidade jurídica de uma sociedade alemã que pretendia transferir a sua sede estatutária para Portugal, STEPHAN STIEB, GmbHR 2004, ps. 492 e ss., discordando de tal orientação, elogia o nosso sistema jurídico neste domínio e considera mesmo que ele deveria ser tomado como exemplo a seguir!

64 *A Transferência Internacional da Sede Social no Âmbito Comunitário*

da sede real, já que os interesses que os justificam cobram fundamentalmente o mesmo relevo num caso e noutro[27].

Apontadas as dificuldades que podem deparar-se à transferência internacional da sede, em virtude das especificidades dos vários ordenamentos jurídicos envolvidos, vejamos se, no âmbito da União Europeia, tais dificuldades se podem considerar ultrapassadas ou, quando menos, mitigadas, pela intervenção do direito comunitário. Vejamos, nomeadamente, se o reconhecimento da chamada liberdade de estabelecimento das sociedades implica ou não a superação de tais dificuldades.

C – A transferência internacional da sede e a liberdade de estabelecimento

1. A questão de que nos ocupamos poderia já ter uma solução *directa,* no âmbito comunitário, se tivesse sido aprovado um instrumento convencional sobre a matéria da transferência internacional da sede. E, na verdade, esse caminho foi de algum modo aquele que o próprio legislador do Tratado de Roma logo apontou aos Estados-membros: nos termos do art. 293.º (actual), na verdade, os Estados "entabularão entre si, sempre que necessário, negociações destinadas a garantir, em benefício dos seus nacionais:

– ... ...

– o reconhecimento mútuo das sociedades, na acepção do segundo parágrafo do artigo 48.º, a manutenção da personalidade jurídica em caso de transferência da sede de um país para outro e a possibilidade de fusão de sociedades sujeitas a legislações nacionais diferentes".

---

[27] Neste sentido, LIMA PINHEIRO, *op. cit.* nota *(11)*, ps. 63 e ss.. Para este autor, o silêncio do legislador sobre a transferência internacional da sede estatutária explicar-se-ia em parte devido à "presunção de que a transferência da sede estatutária é acompanhada da transferência da sede da administração"; presunção que – mesmo a admitir-se – poderá sempre ser ilidida.

Todavia, até ao momento, não foram efectuadas diligências, a nível dos Estados-membros, no sentido de se obter um acordo sobre a questão da transferência internacional da sede societária[28].

2. Na ausência de legislação específica que fundamente a admissibilidade da transferência internacional da sede, vejamos então se nos podemos socorrer para o efeito dos preceitos relativos à liberdade de estabelecimento.

A liberdade de estabelecimento, tal com as outras "grandes" liberdades, foi concebida desde o início como um dos pilares *básicos* do mercado comum[29]. Por *liberdade de estabelecimento*, vem-se entendendo a que implica a possibilidade de um nacional comunitário participar, de modo estável e contínuo, na economia de um Estado-membro diferente do seu Estado de origem e daí tirar benefício[30].

---

[28] Ao contrário do que se verificou com o reconhecimento mútuo das sociedades, já que foi assinada em Bruxelas, em 1968, pelos Estados-membros originários da CEE, uma Convenção sobre a matéria, a qual, porém, não chegou a entrar em vigor, por falta de ratificação da Holanda. Cfr. o texto da Convenção, com um relatório de B. GOLDMANN, em Rev. trim. dr. eur., 1968, ps. 400 e ss.. Note-se que, para efeitos de liberdade de estabelecimento, não se torna necessário a adopção de uma convenção neste domínio, já que, como iremos constatar, o *exercício daquela liberdade*, de acordo com a jurisprudência do Tribunal de Justiça pressupõe necessariamente *o reconhecimento da sociedade* por qualquer Estado-membro no qual ela pretenda estabelecer-se.

Pelo que diz respeito à fusão internacional, foi o legislador comunitário que levou já a bom porto os esforços desenvolvidos neste domínio, tendo sido há pouco aprovada uma *Directiva relativa às fusões transfronteiriças das sociedades de responsabilidade limitada* – Directiva 2005/56/CE, de 26 de Outubro de 2005 (cfr. *infra*, nota *(49)* e, em texto, **D.3.**).

[29] Consagrada nos artigos 2.° e 3.°, alínea c), do texto original do Tratado CE, passando depois também a pressuposto essencial do mercado interno (actuais artigos 3.°, alínea c), e 14.°, n.° 2, do mesmo Tratado). Veja-se, sobre a liberdade de estabelecimento, em geral, JARASS, *Die Niederlassungsfreiheit in der Europäischen Gemeinschaft*, RIW 1993, ps. 1 e ss..

[30] Cfr. o ponto 25 do acórdão Gebhard, do Tribunal de Justiça (Colect. Jur. 1995, I, ps. 4165 e ss.). Pode dizer-se que, a nível da jurisprudência do Tribunal

Assim, o legislador, no próprio Tratado que instituiu a Comunidade Económica Europeia, em 1957 – o Tratado de Roma – preocupou-se logo *em promover* medidas tendentes a eliminar os obstáculos à efectivação daquela liberdade, garantindo o seu exercício efectivo. Decorre sem dúvida, do (actual) art. 43.º que foi intenção do legislador permitir aos empresários nacionais de qualquer Estado-membro, exercer a sua actividade (*estabelecer-se*, no sentido já referido) no território comunitário que, de acordo com os seus interesses, eles livremente elejam. Comparando os diferentes "ambientes" económicos, eles podem escolher para a sua implantação o que melhores condições ofereça, atendendo aos vários factores relevantes na prossecução da actividade que desenvolvem ou pretendem desenvolver. Ao mesmo tempo, é-lhes concedida a faculdade de escolherem o modo de implantação na economia de um Estado: podem optar pela criação de *um estabelecimento principal* ou de *um estabelecimento secundário*, sob a forma de agência, sucursal ou filial.

O legislador estende este direito de estabelecimento às sociedades que, no seu entender, revestirão *carácter comunitário* e, por isso mesmo, serão merecedoras de lhes ser reconhecido tal direito, tal como às pessoas físicas nacionais dos Estados-membros. Revestem esse carácter comunitário (nos termos do art. 48.º do Tratado CE), as sociedades em que converge um duplo critério: constituição de acordo com a lei de um Estado-membro e localização na Comunidade de pelo menos um de outros três factores de conexão: sede estatutária, administração central ou estabelecimento principal.

3. A pergunta que agora se põe é a seguinte: as disposições referidas (arts. 43.º e 48.º CE) oferecem um fundamento jurídico suficiente para permitir às sociedades *exercer o seu direito de esta-*

---

de Justiça, é pacífica a utilização dos critérios da estabilidade e permanência para caracterizar a liberdade de estabelecimento.

belecimento a título principal, nomeadamente através da transferência internacional da sede?

Isto é: no âmbito específico da União Europeia, estão ou não ultrapassados os obstáculos que, a nível geral, vimos poderem deparar-se a uma sociedade que queira transferir a sua sede para outro país, mantendo contudo a sua personalidade jurídica?

A resposta só parcialmente é positiva.

Neste âmbito importa desde logo considerar a interpretação que desses preceitos o Tribunal de Justiça vem fazendo nos últimos anos[31].

3.1. Assim, à luz da jurisprudência daquele Tribunal, uma sociedade "comunitária" (na qual convergem os critérios citados no art. 48.° CE) pode invocar a liberdade de estabelecimento em qualquer Estado-membro a título *originário*, isto é, como primeiro estabelecimento.

Admite-se, pois, que uma sociedade se constitua à luz do direito de um determinado Estado-membro, onde localiza a sede estatutária, mas fixe desde logo a sede efectiva num outro Estado, onde desenvolva de *modo exclusivo* as suas actividades[32].

Paradigmático a este propósito é o chamado acórdão Centros, de 1999, onde foi decidido que as normas do Tratado CE se opõem "a que um Estado-membro recuse o registo de uma sucursal de uma sociedade constituída em conformidade com a legislação de outro Estado-membro, no qual aquela tem a sua sede, sem aí exercer actividades comerciais, quando a sucursal se destina a permitir à sociedade em causa exercer a totalidade da sua actividade no Estado em

---

[31] Sobre a indubitável relevância da jurisprudência como fonte do direito comunitário, veja-se MIGUEL GORJÃO-HENRIQUES, *Direito comunitário*, Almedina, 2001, ps. 242 e ss., que expressamente afirma que considera o Tribunal de Justiça como órgão criador de direito.

[32] Ficam assim abrangidas pela liberdade de estabelecimento as chamadas *pseudo-foreign companies* – sociedades que se constituem num Estado, mas que se destinam a exercer a sua actividade num outro Estado.

que esta sucursal está constituída, evitando constituir neste uma sociedade e eximindo-se assim à aplicação das normas de constituição de sociedades que aí são mais rigorosas em matéria de liberação de um capital social mínimo"[33].

O Tribunal de Justiça considera incluída no conteúdo da liberdade de estabelecimento a própria *liberdade de escolha* da lei estadual (comunitária) a cuja luz se pretende constituir a sociedade: esta pode assim seleccionar a lei que se apresente mais vantajosa, sob os vários pontos de vista que lhe interesse considerar (capital social exigível, facilidade e rapidez de constituição, etc.). Deste modo, o fenómeno da concorrência entre as várias ordens jurídicas comunitárias é uma realidade inevitável. Os Estados devem providenciar no sentido de tornar o seu direito interno competitivo num campo que alguém já designou por "mercado de regras"[34]. E vem-se já notando essa preocupação da parte de alguns legisladores europeus[35] que nos últimos anos têm procurado modernizar a respectiva

---

[33] Para uma sinopse dos factos relevantes no processo que culminou no acórdão Centros, de 27.09.1988 (Colect. Jur. 1988, ps. 5483 e ss.), bem como para uma análise sumária desta decisão, veja-se o nosso estudo *A liberdade de estabelecimento das sociedades na União Europeia*, Temas de Integração, n.os 15 e 16, 2003, ps. 292 e ss..

[34] Assim, BENEDETTELI, *"Mercato" comunitario delle regole e riforma del diritto societario italiano*, Rivista delle Società 2003, p. 712.

[35] Podem ver-se algumas indicações sobre medidas já tomadas pelos legisladores francês, espanhol e italiano, neste domínio, no nosso trabalho *O acórdão Inspire Art (...) op. cit.*, nota *(10)*, ps. 141 e ss.. Também na Alemanha se sentiu necessidade de "apanhar este comboio", tendo sido recentemente apresentado um projecto legislativo no sentido de flexibilizar as exigências relativas ao capital social das GmbH (forma societária paralela à nossa sociedade por quotas). Sobre este projecto, podem ver-se, por ex., as opiniões de RÜDIGER WILHELMI, *Das Mindestkapital als Mindestschutz – eine Apologie im Hinblick auf die Diskussion um eine Reform der GmbH angesichts der englischen Limited*, GmbHR 1/2006, ps. 13 e ss. e SEBASTIAN BARTA, *Das Kapitalsystem von GmbH und AG- Inhalt und Zweck der Regelungen über Stamm – bzw. Grundkapital. Zugleich Anmerkungen zum Referentenentwurf eines "Gesetzes zur Neuregelung des Mindestkapitals der GmbH,* GmbHR 11/2005, ps. 657 e ss..

disciplina jurídica societária – está nesse caso o nosso próprio legislador que, bem recentemente, aprovou medidas às quais não será alheia esta preocupação[36].

3.2. Mas para além da liberdade de estabelecimento a *título originário*, o Tribunal de Justiça fez incluir ainda na tutela dispensada pelos artigos 43.° e 48.° do tratado CE a liberdade de estabelecimento a *título derivado*[37] – isto é, a que *implica uma transferência internacional da sede real*, sempre que o Estado de origem da sociedade não se oponha a essa transferência.

Com efeito, de acordo com jurisprudência bem firmada no acórdão Überseering[38], daquele Tribunal, o *Estado-membro de acolhimento* (no caso, a Alemanha) *não pode opor-se a que uma sociedade se estabeleça no seu território,* para aqui transferindo a sua sede real, desde que essa sociedade tenha sido constituída e continue a existir à luz da legislação de um outro Estado-membro (no caso, a Holanda, que não punha obstáculos à transferência da sede real da sociedade constituída à luz do seu próprio direito).

---

[36] Vejam-se as soluções consagradas no Decreto-Lei n.° 111/2005, de 8 de Julho, e na Portaria n.° 590-A/2005, de 14 de Julho, ao preverem mecanismos que facilitam a constituição de sociedades ("a empresa na hora") e que garantem uma publicidade dos actos societários mais rápida e eficaz. E, de acordo com recentes declarações governamentais, a estas medidas outras se virão a juntar, em breve, todas elas tendentes a facilitar a vida empresarial (por ex., liberdade de escolha da conservatória, dispensa de escritura pública para actos sociais, redução dos custos destes actos, etc.).

[37] Afirma expressamente PETER BEHRENS, *Die Umstrukturierung von Unternehmen durch Sitzverlegung oder Fusion über die Grenze im Licht der Niederlassungsfreiheit im Europäischen Binnenmarket (Art.52 und 58 EWGV)*, ZGR 1994, p. 3, que o direito consagrado no (actual) artigo 43.° CE comporta também a liberdade de transferir a sede: isto é, de "rever a opção inicial de localização da sede".

[38] Acórdão de 5 de Novembro de 2002 (Colect. Jur. 2002, I, ps. 9919 e ss.). Para um comentário a este acórdão, veja-se o nosso estudo *A liberdade de estabelecimento das sociedades na União Europeia, cit.* nota *(33)*.

Mais ainda: nos termos daquela decisão, a *sociedade deve ser havida no Estado-membro de acolhimento enquanto sociedade de direito do Estado de constituição* e, como tal, ser dotada da capacidade jurídica que neste último Estado lhe tenha sido outorgada. Entendeu-se assim que a Überseering, *sociedade de direito holandês*, tem, pois, a faculdade de utilizar a sua liberdade de estabelecimento na Alemanha *naquela qualidade*. Exigir-se a reconstituição da sociedade neste último país – como pretende a jurisprudência alemã – *equivaleria à negação daquela liberdade*.

Esta jurisprudência foi pouco depois reafirmada pelo Tribunal de Justiça, no acórdão Inspire Art[39], onde se foi ainda mais longe.

Na verdade, nesta última decisão o Tribunal veio fazer uma importante clarificação: um Estado-membro (no caso, a Holanda) está não apenas obrigado a reconhecer capacidade jurídica a uma sociedade proveniente de outro Estado-membro (no caso, a Inglaterra), mas deve respeitá-la enquanto sociedade regulada fundamentalmente pelo direito societário do seu Estado de constituição. Estará excluída especificamente – e era essa uma das questões postas no processo Inspire Art – a possibilidade de aplicação à sociedade de normas do direito do Estado de acolhimento relativas ao capital social e à responsabilidade dos administradores[40].

---

[39] Acórdão de 30 de Setembro de 2003 (Colect. Jur. 2003, I, ps. 10155 e ss.). No nosso trabalho *O acórdão Inspire Art, Ltd. (...)*, cit. nota *(10)*, fizemos uma anotação a esta decisão do Tribunal de Justiça. No processo que deu origem a este acórdão, o que estava em causa era um problema de compatibilização do normativo comunitário sobre liberdade de estabelecimento com determinadas normas estaduais que visavam condicionar a actuação de sociedades constituídas no estrangeiro. Tratava-se de saber se a Inspire Art, Ltd., sociedade de direito inglês, pretendendo exercer a sua actividade na Holanda, deveria ficar sujeita às especiais obrigações previstas na lei que este país – embora tributário da teoria da incorporação – aprovou em 1977 para as chamadas sociedades formalmente estrangeiras.

[40] Embora o Tribunal admita que o Estado-membro de acolhimento possa vir a opor a sua própria regulamentação mesmo em relação a matérias pertencentes ao estatuto pessoal societário, tal só poderá acontecer se a medida restritiva

3.3. Mas a atitude favorável à liberdade de estabelecimento demonstrada pelo Tribunal de Justiça, a propósito das situações acabadas de considerar, contrasta com aquela que ele toma quando encara a situação de *transferência da sede real, do ponto de vista do Estado de origem* da sociedade. Entende o Tribunal de Justiça que não está tutelada pelo direito comunitário – mormente pelos artigos 43.° e 48.° CE – a pretensão de uma sociedade *sair*, ultrapassar a fronteira do seu Estado de origem, seja tão só transferindo a sua sede real para outro Estado-membro. Não está, nesta medida, garantida a liberdade de estabelecimento, a título principal, às sociedades.

Na opinião do Tribunal de Justiça – expressa no acórdão Daily Mail, de 1988[41] –, é facultado a um Estado-membro impor a uma sociedade constituída de acordo com a sua ordem jurídica restrições à deslocação da sede para fora do seu território: *esse Estado pode definir*, como entender, não só os requisitos de que depende a *aquisição* da personalidade jurídica de uma sociedade, como também as condições necessárias à *manutenção* dessa personalidade (nomeadamente, em caso de transferência internacional da sede). Esta orientação não foi ainda alterada; pelo contrário: nos acórdãos Überseering[42] e Inspire Art[43], o Tribunal demonstra não querer pôr em causa a sua jurisprudência anterior relativamente à questão da invocação, por parte de uma sociedade, no seu Estado de origem, da pretensão de estabelecimento num outro Estado-membro, mediante a transferência da sede para este último[44].

---

que esse procedimento representa passar o teste das 4 condições fixadas na jurisprudência comunitária: ser aplicada de modo não discriminatório, justificar-se por razões imperativas de interesse geral, ser adequada para atingir o objectivo que prossegue e não ultrapassar o necessário para o atingir. O que no caso não se verificava.Para mais desenvolvimentos sobre este ponto, ver o nosso trabalho *O acórdão Inspire Art, Ltd. (...)* cit. nota *(10)*, ps. 150 e ss..

[41] Cfr. *supra*, nota *(18)*.

[42] Cit. supra, nota *(38)*.

[43] Cit. supra, nota *(39)*.

[44] Há, no entanto, quem veja um sinal de viragem na jurisprudência do Tribunal de Justiça, quanto àquele aspecto, no acórdão proferido no processo

72 A Transferência Internacional da Sede Social no Âmbito Comunitário

As razões que levam o Tribunal de Justiça a considerar admissível, à luz dos artigos 43.º e 48.º CE, que um Estado-membro pode obstar à transferência internacional da sede real, permitem a conclusão de que o Tribunal não considerará[45] garantida a possibilidade de uma sociedade transferir a *sua sede estatutária* para outro país, com isso alterando a sua ligação jurídico-formal, ao ligar-se ao ordenamento desse mesmo país. Tais razões reconduzem-se, no fundamental à ideia de que, contrariamente às pessoas físicas, as sociedades são criação de uma dada ordem jurídica; só existem enquanto pessoas morais dessa ordem jurídica nacional.

Hughes de Lasteyrie du Saillant, em 11 de Março de 2004 (Colect. Jur. 2004, ps. 2409 e ss.), onde se decidiu: "O princípio da liberdade de estabelecimento constante do artigo 52.º do Tratado CE (actual 43.º CE) deve ser interpretado no sentido de que se opõe a que um Estado-membro institua, para fins de prevenção de evasão fiscal, um mecanismo de tributação das mais-valias ainda não realizadas, como o previsto no artigo 167.º-bis do Code géneral des impôts francês, para o caso de transferência do domicílio fiscal de um contribuinte para fora desse Estado". Embora no processo estivesse em causa a situação de uma pessoa física, os fundamentos em que o Tribunal assentou a sua decisão poderão, de facto, levar a pensar que o mesmo raciocínio venha a ser seguido nos casos em que eventualmente sejam questionadas legislações estaduais que condicionem, por idênticos motivos, a transferência da sede de uma sociedade. Sobre este ponto, pode ver-se o nosso trabalho cit. nota *(10)*, p. 156 e s..

Também nesta linha se situa a opinião do advogado-geral Tizzano que ainda recentemente, no ponto 45 das suas conclusões no âmbito do acórdão SEVIC, de 13.12. 2005 (a que faremos referência mais detalhada *infra*, nota *(53)*, afirma que resulta da jurisprudência comunitária "que o artigo 43.º CE não se limita a proibir que um Estado-membro impeça ou restrinja o estabelecimento de operadores estrangeiros no seu território, mas opõe-se também a que levante dificuldades ao estabelecimento de operadores nacionais noutro Estado-membro. Por outras palavras, são proibidas tanto as restrições à entrada como à saída do território nacional.".

[45] Segundo informa Stefan Leible, *Niederlassungsfreiheit und Sitzverlegungsrichtlinie*, ZGR 2004, p. 535, um tribunal alemão terá já apresentado um pedido de apreciação prejudicial sobre uma questão relacionada com a transferência da sede estatutária, mas o Tribunal de Justiça ter-se-à abstido de decidir por razões processuais.

3.4. Do que se acaba de dizer retira-se que a actual jurispru-dência do Tribunal de Justiça conduz a *desigualdades* no tratamento das várias situações de migração intra-comunitária das sociedades beneficiárias da liberdade de estabelecimento, à luz dos artigos 43.° e 48.° CE. Ao mesmo tempo que impõe limites à intervenção dos Estados-membros de acolhimento – assim potenciando à "imigração societária" – deixa intocada a margem de manobra dos Estados de origem das sociedades, que podem fazer ligar os efeitos que enten-derem à transferência da sede para outro Estado-membro – o que pode comprometer a livre "emigração" dessas sociedades. Esta ati-tude do Tribunal de Justiça deixa a sociedade demasiado dependente do seu Estado de origem, que a poderá manter "prisioneira" ao criar obstáculos à transferência da sede para fora das suas fronteiras.

D – A projectada 14.ª Directiva sobre transferência internacional da sede societária

1. Partindo do quadro jurisprudencial acabado de referir, e pressionada pelos pedidos dos agentes económicos e pelas reco-mendações do Relatório Winter, a que já aludimos[46], a Comissão Europeia decidiu, em 2003, incluir no seu plano de acção, como uma das suas prioridades, a adopção de uma proposta de directiva – a 14.ª, no âmbito societário –, tendente a harmonizar as legisla-ções dos Estados-membros na matéria em causa. Como veremos de seguida, a Comissão não quererá dar seguimento – pelo menos na sua totalidade – ao anteprojecto de directiva sobre a transferên-cia internacional da sede – estatutária ou real –, por ela elaborado em 1997[47].

---

[46] Cfr. *Supra,* **A.2.**.

[47] A tradução portuguesa deste anteprojecto é feita por MENESES CORDEIRO em *Direito Europeu das Sociedades*, Almedina, 2005, ps. 810 e ss.. Este ante-projecto tem sido analisado por autores germânicos e foi mesmo objecto do

74 A Transferência Internacional da Sede Social no Âmbito Comunitário

Até ao momento, não temos conhecimento de que tenha sido já formalizada tal proposta, mas a notícia dos trabalhos preparatórios publicitados[48] indicam-nos a intenção de fazer dela constar as seguintes soluções:

- Uma sociedade, constituída num Estado-membro deve poder, no quadro jurídico do seu país de origem, transferir a sua *sede estatutária* para outro Estado-membro para aí adquirir a personalidade jurídica nacional, em substituição da que lhe foi outorgada pelo primeiro Estado.
- Em vista do objectivo referido, essa sociedade deverá alterar os seus estatutos, tanto quanto for necessário.
- Haverá uma continuidade da personalidade jurídica, pois ficará assegurado que a sociedade só perderá a personalidade do Estado de origem quando adquirir a do Estado para onde se pretende transferir.
- A sociedade deve poder assim matricular-se no novo Estado--membro como pessoa colectiva do direito deste Estado, sem ter de observar novas formalidades de constituição.

2. Como se vê, a Comissão apenas encara a adopção de uma proposta de directiva referente à transferência internacional da *sede estatutária*. Renunciou, pelo menos por agora, a estender a proposta à hipótese da transferência internacional da *sede real*.

10.° Bonner Europa-Symposion, que teve lugar em 24 de Abril de 1998: vejam--se as comunicações respectivas em ZGR 1999, Heft 1-2, ps. 3 e ss.. Comentando o mesmo texto, veja-se também WIENAND MEILICKE, *Zum Vorschlag der Europäischen Kommission für die 14.EU-Richtlinie zur Koordinierung des Gesellschaftsrechts – Sitzverlegungs-Richtlinie*, GmbHR 1998, ps. 1053 e ss..

[48] A Comissão Europeia lançou, em 26.2.04, um questionário via Internet, onde se delineam os traços orientadores da futura proposta de Directiva e se põem à consideração pública algumas questões relativas a soluções a incluir nessa proposta. Sobre esse questionário, veja-se PATRICIA BECKER, *Grenzüberschreitende Sitzverlegung: Internet-Umfrage von der Europäischen Kommission*, GmbHR 2004, R 145 e ss..

Tal significa que, mesmo que venha em breve[49] a ser aprovada pelos órgãos competentes uma directiva susceptível de garantir às sociedades comunitárias a sua liberdade de estabelecimento mediante a utilização do expediente da transferência da sede estatutária, continuarão elas sem igual garantia quanto à sede real.

Desprovidas desta tutela a nível comunitário, ficarão nesta medida as sociedades sujeitas à boa vontade dos Estados intervenientes na operação. Ou, como diz um autor alemão[50], a propósito das sociedades do seu país: estas continuarão "emparedadas" nas fronteiras territoriais da Alemanha[51], enquanto vêm as suas concorrentes estrangeiras vir livremente estabelecer-se nesse território[52].

---

[49] Estamos em crer que o caminho para a aprovação de uma eventual proposta de 14.ª Directiva virá a tornar-se menos espinhoso do que foi o da aprovação dos diplomas sobre *a sociedade anónima europeia* – Regulamento n.° 2157//2001, de 8 de Outubro de 2001 (J.O.C.E. L 294, de 10.11.2001, ps. 1 e ss.) e Directiva 2001/86, da mesma data (no mesmo J.O.C.E., ps. 22 e ss.) – ou mesmo o da 10.ª Directiva sobre *fusão transfronteiriça das sociedades*, de 26 de Outubro de 2005 (J.O.U.E. L 310, de 25.11.2005, ps.1 e ss.). É que os acordos obtidos no âmbito destes diplomas sobre temas melindrosos, como o da participação dos trabalhadores nos órgãos de gestão societários, poderão facilitar as negociações da futura proposta sobre transferência internacional da sede.

[50] Cfr. DANIEL ZIMMER, *Grenzüberschreitende Rechtspersönlichkeit*, ZHR, 2004, p. 368.

[51] Com efeito, a jurisprudência alemã – na senda da doutrina maioritária – continua firme no seu entendimento de que não é possível a transferência para o exterior da sede de uma sociedade constituída na Alemanha. Veja-se, por exemplo, a sentença do Brandenburgisches OLG, de 30.11.04 (DB 2005, ps. 604 e s.), que afasta expressamente esta hipótese da cobertura da jurisprudência comunitária. Na doutrina, por ex., BODO RIEGGER, *Centros-Überseering-Inspire Art: Folgen für Praxis*, ZGR 2004, p. 528, afirma que da jurisprudência do Tribunal de Justiça resulta que é uma questão de direito societário nacional e não de direito de estabelecimento o saber se uma sociedade perde a sua personalidade jurídica quando transfere a sua sede para um Estado diferente daquele que lhe conferiu essa personalidade.

[52] Na Alemanha vive-se um clima simultaneamente de euforia e de sobressalto, em relação ao fenómeno desencadeado pela admissibilidade, a nível da

76 A Transferência Internacional da Sede Social no Âmbito Comunitário

3. A orientação restritiva dos sistemas jurídicos, como a do sistema alemão, no que respeita à "saída" das sociedades para fora do seu território – e que ele pode, como vimos, continuar a manter quanto à transferência internacional da sede – terá, no entanto, de vir a alterar-se no que concerne a eventuais impedimentos em matéria de fusão internacional de sociedades[53].

É que, como já referimos incidentalmente[54], foi há pouco tempo aprovada a chamada 10.ª Directiva 2005/56, de 26.10.05, *relativa às*

---

jurisprudência comunitária, daquilo que se referencia como *concorrência entre ordens jurídicas*. Na verdade, a prática alemã, valendo-se da liberdade de escolha dos modelos societários postos à disposição nos vários Estados-membros, tem vindo crescentemente a optar pelo que se lhe afigura mais vantajoso – o da Private Limited Company – para operar no mercado alemão. É já vasta a bibliografia alemã sobre a matéria; por todos, fazendo um recentíssimo ponto da situação, veja-se ZÖLLNER, *Konkurrenz für inländische Kapitalgesellschaften durch die englische Private Limited Company*, GmbHR 2006, ps. 1 e ss., que situa em 25.000 o número de tais sociedades.

[53] Na verdade, o direito alemão, no diploma que regula a matéria da fusão – a *Umwandlungsgezetz (UmWG)* –, apenas menciona a fusão de sociedades com sede no território nacional. Com base nessas disposições, que se considera só contemplarem fusões *internas*, a doutrina e jurisprudência maioritárias entendem que se deve recusar a inscrição no registo comercial de fusão de uma sociedade de direito alemão e uma sociedade de outro Estado-membro. Note-se que este entendimento foi recentemente declarado incompatível com a liberdade de estabelecimento, no acórdão SEVIC do Tribunal de Justiça, datado de 13.12.2005, onde se visava uma situação de *Hineinverschmelzung* (a sociedade incorporante era alemã). Sobre este acórdão (que ainda não se encontra publicado na Colectânea de Jurisprudência), vejam-se MEILICKE/RABBACK, *Die EuGH-Entscheidung in der Rechtssache Sevic und die Folgen für das deutsche Umwandlungsrecht nach Handels- und Steuerrecht*, GmbHR 2006, ps. 123 e ss. e os comentários que fazem a esta decisão DETLEF HARITZ, GmbHR 2006, ps. 143 e s. e WOLF-GEORG RINGE, DB 2005, ps. 2806 e s..

[54] *Supra*, notas *(28)* e *(49)*. Sobre algumas soluções da proposta de Directiva, podem ver-se HILLEN/HIRSCHMANN, *Die grenzüberschreitende Verschmelzung – Ein erster Überblick über den Entwurf der Richtlinie "über die Verschmelzung von Kapitalgesellschaften aus verschiedenen Mitgliedstaaten"*, GPR 2/03-04, ps. 89 e ss. e PETER WIESNER, *Die grenzüberschreitende Verschmeltzung und der neue Mitbestimmungskompromiss*, DB 2005, ps. 91 e ss..

fusões transfronteiriças das sociedades de responsabilidade limi-tada, directiva que constitui a primeira medida adoptada no âmbito do Plano de acção da Comissão, de 2003, a que aludimos no início desta comunicação. E, nos termos deste diploma, fica aberto o cami-nho para as sociedades, provenientes de Estados-membros dife-rentes, utilizarem a fusão (em qualquer das três modalidades que esta pode revestir, nos termos do artigo 2.°, n.° 2, da Directiva), como mecanismo adequado a prover às "necessidades de coopera-ção e de consolidação das sociedades de responsabilidade limitada" – alínea 1) do Preâmbulo. Também esta directiva corresponde a uma solicitação veemente das empresas societárias europeias, para quem se tornava extremamente difícil, se não mesmo impossível[55], uti-lizar o procedimento da fusão para concentrarem esforços a nível transfronteiriço, se não estivessem interessadas ou não pudessem constituir uma sociedade anónima europeia – SE[56]. Da perspectiva da Comissão Europeia, esta directiva apresentará um interesse par-ticular para as pequenas e médias empresas que querem operar em mais do que um Estado, mas não à escala europeia; para este fim, o mecanismo de fusão será mais calhado do que o de constituição de uma SE.

Nos termos desta Directiva, ficam, pois, os Estados-membros obrigados a conformar as suas legislações no sentido de permitirem as fusões transfronteiriças de sociedades de responsabilidade limi-tada nacionais com similares dos outros Estados-membros. Note-se

---

[55] Para além da Alemanha, a Comissão Europeia, no seu documento MEMO/03/233, de 18.11.03, informa que não são autorizadas fusões transfron-teiriças na Holanda, Suécia, Irlanda, Grécia, Finlândia, Dinamarca e Áustria. No que a Portugal se refere, nem a lei impede nem a doutrina parece dificultar tais operações; cfr., por ex., RAUL VENTURA, *Fusão, Cisão, Transformação de Sociedades,* Almedina, 1990, ps.17 e s. e 141 e s. e DANIELA BAPTISTA, *op. cit.* nota *(24),* p. 217.

[56] Os Estados-membros estão já obrigados à observância das soluções con-tidas nos diplomas que regem esta sociedade – cits. *supra*, nota *(49)* –: o Regula-mento entrou em vigor em 8.10.04, data em que também deveria estar transposta a Directiva.

que o quadro jurídico instituído pela Directiva já se inspira em larga medida no regime que é aplicável nos vários Estados-membros às fusões internas, regime esse que se encontra amplamente harmonizado, na sequência da necessária transposição para os direitos internos da chamada 3.ª Directiva sobre fusão societária, de 9 de Outubro de 1978[57].

A questão mais debatida no processo de adopção da 10.ª Directiva foi a da participação dos trabalhadores nos órgãos sociais, dada a diversidade das regras jurídicas estaduais sobre o ponto. A este propósito, deve dizer-se que o êxito das negociações neste âmbito muito ficou a dever ao facto de existir já, a nível de diplomas europeus – a saber, os que regulam a sociedade anónima europeia – um regime compromissório em que os proponentes da Directiva se inspiraram.

---

[57] Cfr. J.O.C.E. L 295, de 20,10.78, ps. 36 e ss..

«EMPRESAS NA HORA»

ALEXANDRE DE SOVERAL MARTINS

Coube-me tratar do novo regime de constituição de sociedades por quotas e anónimas aprovado pelo DL 111/2005, de 8 de Julho.

Um regime recente, que por isso mesmo tem ainda de ser abordado com a cautela que o escasso tempo entretanto decorrido impõe.

Essa mesma cautela levou-me a procurar informações acerca da forma como os práticos do direito estão a encarar o regime em análise.

Pude trocar algumas impressões com o senhor Dr. Miguel Cabrita, Adjunto do Gabinete do Secretário de Estado da Justiça, com a senhora Dr.ª Cláudia Pestana, Conservadora adjunta na Conservatória do Registo Comercial de Coimbra, e com a senhora Dr.ª Emília Pedro, Gestora do Centro de Formalidades de Empresas de Coimbra, a quem agradeço a paciência que tiveram.

Comecemos então.

1. Os textos comunitários que realçam a necessidade de agilizar o processo de criação de empresas

Com o regime da «empresa na hora», o legislador pretendeu acelerar de modo significativo o processo de constituição de sociedades por quotas e anónimas.

Na verdade, ao longo dos últimos anos têm surgido, no contexto europeu, propostas de simplificação dos processos de constituição de empresas.

Muitas dessas propostas já estavam contidas na Recomendação da Comissão Europeia de 22 de Abril de 1997 relativa à melhoria e simplificação do enquadramento das novas empresas (97/344/CEE)[1].

---

[1] JOCE, L 145, de 05/06/1997, p. 0029-0051.

Aí se alertava para as dificuldades que resultam da existência de diferentes pontos de contacto com a Administração Pública para a constituição de sociedades. Identificou-se, num país, a necessidade de se realizarem deslocações a 10 locais diferentes. Num Estado--membro, a constituição de uma sociedade equivalente à nossa sociedade por quotas exigia 23 procedimentos e formulários.

A Comissão propunha, assim, a existência de pontos de contacto únicos, a coordenação e simplificação de formalidades. Além disso, incentivava-se a Administração Pública a usar as tecnologias de informação.

Posteriormente a essa Recomendação, outras iniciativas tiveram lugar. Recordo:

- a criação do Grupo BEST (*Business Environment Simplification Task Force*) pela Comissão Europeia em Setembro de 1997,
- o relatório desse Grupo BEST para a Simplificação do Enquadramento Empresarial, de 1998[2],
- o plano de Acção da Comissão para «Promover o Espírito Empresarial e a Competitividade»[3],
- a fixação do objectivo, no Conselho Europeu de Lisboa de 23/24 de Março de 2000, de tornar a economia do conhecimento da União a mais competitiva e dinâmica do mundo até 2010,
- a Carta Europeia das Pequenas Empresas aprovada pelo Conselho Europeu da Feira de Junho de 2000,
- o Programa plurianual em favor da empresa e do espírito empresarial para 2001-2005[4],
- a Resolução do Parlamento Europeu 2002/0079, de Fevereiro de 2002, sobre a Estratégia para o pleno emprego e a coesão social.

---

[2] http://europa.eu.int/comm/enterprise/enterprise_policy/index.htm

[3] COM(1998) 550 final, de 30/9/1998.

[4] Decisão do Conselho 2000/819/CE, de 20/12/2000, JO, L 333, de 29/12//2000, p. 84.

Em todas elas, a preocupação com a agilização da constituição de empresas estava presente.

Importantes também foram algumas alterações introduzidas em 2003 à Primeira Directiva Comunitária sobre sociedades pela Directiva 2003/58/CE[5]. Com efeito, a partir de 1 de Janeiro de 2007 todos os Estados-Membros deverão assegurar a possiblidade de os documentos serem enviados para os serviços de registo por via electrónica. Permitiu-se também que os Estados-Membros substituam a publicação no jornal oficial por outros meios, através de sistema que permita o acesso à informação através de plataforma electrónica, por ordem cronológica.

Na elaboração do regime da empresa na hora, o legislador certamente terá ponderado todos estes textos que acabámos de referir.

Um estudo da Comissão Europeia de 2002 *(Benchmarking the Administration of Business Start-ups)* revelava que, na União Europeia, o tempo médio para a constituição de uma sociedade era de 24 dias.

No país com melhores valores, era de 7 dias.

Em Portugal, seria de 25 a 30 dias.

Por outro lado, em Portugal identificavam-se 20 formulários e documentos necessários para se constituir uma sociedade. Na Irlanda, bastavam 3.

É certo que já antes da publicação do regime da «empresa na hora» se tinham verificado iniciativas com as quais se procurou acelerar o procedimento de constituição de sociedades.

O DL 267/93, de 31 de Julho, veio permitir que os notários, a solicitação dos interessados, desenvolvessem uma significativa actividade na constituição de sociedades[6].

---

[5] Directiva 2003/58/CE do Parlamento Europeu e do Conselho, de 15 de Julho de 2003, JOCE, L 221/13, de 4 de Setembro.

[6] Designadamente: a) apresentar o pedido de certificado de admissibilidade da firma ou denominação, assinando o respectivo impresso; o impresso pode ser enviado por telecópia pelo notário ao RNPC e este, no prazo de 48 horas, comunica ao notário o deferimento ou indeferimento do pedido; recebido o certificado

Por outro lado, logo em 1997 foram criados os Centros de Formalidades das empresas ou CFE de Lisboa e Porto (de inspiração francesa), permitindo-se a criação de outros.

O regime inicialmente aprovado pelo DL 55/97, de 8 de Março, foi no entanto rapidamente substituído por um novo enquadramento legal através do DL 78-A/98, de 31 de Março. Em consequência da entrada em vigor deste último diploma, cada CFE, instalado nos termos legais, terá junto de si:

a) uma delegação do Registo Nacional de Pessoas Colectiva;
b) um cartório notarial;
c) uma extensão da Direcção Geral dos Impostos;
d) um Gabinete de Apoio ao Registo Comercial;
e) uma extensão do Centro Regional de Segurança Social[7].

Porém, importa destacar que:

a) a delegação do RNPC continua a ter de enviar, ainda que por telecópia, o pedido de certificado de admissibilidade da firma ou denominação e o RNPC tem até ao 5.º dia útil seguinte para comunicar se defere ou indefere o pedido;

---

de admissibilidade da firma ou denominação, o notário informa o interessado no prazo de 24 horas; realizada essa comunicação, deve ser acordada logo a data para a celebração da escritura; b) requerer o registo do acto de constituição da sociedade; esse requerimento deve ser realizado pelo notário no prazo de três dias úteis após a escritura; a requisição pode ser efectuada por telecópia, acompanhada dos documentos legais exigidos na lei, seguida da remessa no prazo máximo de cinco dias dos originais dos referidos documentos, designadamente da declaração de início de actividade, que depois a conservatória remete à repartição de finanças; c) cobrar os emolumentos destinados ao RNPC e à conservatória do registo comercial competente.

[7] Pelo DL 55/97, cada CFE teria também delegações ou extensões da Direcção-Geral dos Impostos e dos centros regionais de segurança social, um notário privativo e pessoal a afectar pelo director-geral dos Registos e do Notariado que teria funções de apoio na área do registo das pessoas colectivas e do registo comercial.

b) o Gabinete de Apoio ao Registo Comercial (GARC) tem de requisitar, ainda que por telecópia, o registo do acto constitutivo à conservatória do registo comercial competente; e depois há que esperar pelo registo.

Por sua vez, o DL 410/99, de 15 de Outubro, que alterou várias normas do Código do Notariado, veio permitir que o notário, a pedido dos interessados, preencha a requisição de registo e sua remessa à competente conservatória do registo comercial (ou predial, se fosse o caso), mas apenas quanto a actos a indicar por portaria do Ministro da Justiça. O preenchimento da requisição e sua assinatura terá lugar imediatamente após a outorga da escritura pública. A remessa ou apresentação na conservatória terá lugar no prazo para a emissão da certidão do acto (3 dias úteis).

Posteriormente, o Estatuto do Notariado, aprovado pelo DL 26/ /2004, de 4 de Fevereiro, e aplicável aos notários que iniciem funções no seu âmbito, também permitiu que o notário requisite, por qualquer via, a outros serviços públicos, os documentos necessários à instrução de actos da sua competência (art. 4.°, n.° 3) e que, a pedido dos interessados, preencha a requisição de registo e a remeta à competente conservatória do registo comercial (ou predial), acompanhada dos respectivos documentos e preparo (n.° 4).

O DL 461/99, de 5 de Novembro, entre outras coisas, veio permitir que as conservatórias do registo comercial requisitem e recebam por telecópia certificados de admissibilidade de firmas ou denominações.

O DL 66/2005, de 15 de Março, regulou, entre outras coisas também, a transmissão e recepção, por telecópia e via electrónica, pelos serviços registais, cartórios notariais e outros serviços de documentos com valor de certidão relativos aos arquivos dos serviços registais e cartórios notariais, bem como a recepção daqueles documentos pelas mesmas vias por advogados e solicitadores. Regula, inclusivamente, o pedido de certificado de admissibilidade de firma ou denominação por intermédio de advogado ou solicitador.

Não é só em Portugal que existem iniciativas desencadeadas por preocupações de simplificação e/ou celeridade.

Em Espanha, por exemplo, encontramos desde 2003 o regime da chamada Nova Empresa para a criação de sociedades de responsabilidade limitada. Foi, assim, instituído um Centro de Informação e Rede de Criação de Empresas: trata-se de uma rede de pontos de assessoria e de início do processo de constituição de sociedades de responsabilidade limitada. No entanto, não se chegou a prescindir da escritura pública, mas admitiu-se que todos os trâmites para a outorga e registo se realizasse com recurso a técnicas electrónicas, informáticas e telemáticas. Porém, a sociedade Nova Empresa terá de exercer certos objectos sociais previstos na lei e só poderá ter como sócios pessoas físicas. O número inicial de sócios não pode exceder cinco.

Na França, existem desde 1996 os *Centres de formalités des enterprises* (para o de Paris, cfr. www3.ccip.fr/cfe/), que recebem o dossier único da empresa logo no âmbito da constituição da sociedade comercial e entregam um *Récépissé de création d'enterprise* que permite realizar as posteriores burocracias (v.g. obter linha telefónica). O contrato de sociedade e os estatutos não necessitam, em regra, de intervenção notarial. São os CFE que remetem, no próprio dia, o pedido de *immatriculation* ao *greffe* do *tribunal de commerce*, onde, depois de controlo pelo *greffier*, tem lugar o registo (que, desde 1998, deve ocorrer no prazo de um dia útil após recepção do pedido). Por lei de 1 de Agosto de 2003 *(loi pour l'initiative économique)*, todas as declarações relativas a criação de empresas podem ser transmitidas por via electrónica.

Na Inglaterra, é possível o envio do *memorandum* e dos *articles* ao *Companies' Registry* por via electrónica, utilizando códigos de autenticação.

Na Itália, embora a constituição de sociedades de responsabilidade limitada e de sociedades por acções dependa de *atto pubblico*, o notário deve realizar o depósito do acto constitutivo no registo das empresas.

2. Os diplomas nacionais sobre a «empresa na hora» (DL 111/2005, de 8 de Julho, Portaria 590-A/2005, de 14 de Julho, e Portaria 811/2005, de 12 de Setembro)

Pelo DL 111/2005, de 8 de Julho, o Governo fez surgir um regime de criação de empresas «na hora». Esta terminologia surge utilizada, aliás, no próprio preâmbulo do diploma referido, embora, é certo, também entre aspas. Quis o Governo, e volto a citar o que é dito no preâmbulo, «garantir as respostas que as empresas exigem».

Complementarmente, foram publicadas duas Portarias: a Portaria n.° 590-A/2005, de 14 de Julho, e a Portaria n.° 811/2005, de 12 de Setembro.

A primeira veio regular matéria relativa às publicações obrigatórias; a segunda tratou da definição do período experimental de aplicação do regime da criação de «empresas na hora»[8].

É o regime que se recolhe nestes textos legais que vamos analisar seguidamente.

3. As «empresas na hora» só podem ser sociedades por quotas ou anónimas. Outros requisitos

O regime das empresas na hora permite a constituição mais célere de sociedades por quotas ou anónimas (art. 1.°; de fora ficam, desde logo, as sociedades em nome colectivo ou em comandita). O objecto das sociedades constituídas ao abrigo do novo regime pode ser civil, comercial, ou misto.

É necessário, porém:

- que a constituição dessas sociedades não esteja dependente de autorização especial (art. 2.°, a))

---

[8] Tal Portaria veio em 12 de Setembro estabelecer que o período experimental se iniciara em 13 de Julho porque isso resultava do disposto no art. 27.°, 1, do DL 111/2005.

– que essas sociedades se constituam sem o recurso a entradas em espécie (art. 2.º, b); obviamente, também não pode haver o recurso a entradas em indústria – são sociedades por quotas e anónimas)
– que não se trate da constituição de sociedades anónimas europeias (art. 2.º, c)).

É ainda necessário:

– que os sócios optem por pacto ou acto constitutivo de modelo aprovado pelo Director-Geral dos Registos e do Notariado (art. 3.º, b)); (a terminologia é a utilizada no texto legal, mas se estiver em causa a constituição de uma sociedade através de contrato, esse também é um acto constitutivo);
– que os sócios optem por constituir a firma da sociedade com o recurso a uma expressão de fantasia que foi criada e reservada a favor do Estado ou
– que seja apresentado o certificado de admissibilidade da firma emitido pelo RNPC (art. 3.º, a)). Porém, (decorre das disposições finais e transitórias que), enquanto durar o período experimental ainda em curso, só a primeira alternativa é admissível

Ou seja, durante o período experimental só será possível constituir a firma da sociedade com o recurso a uma expressão de fantasia que foi criada e reservada a favor do Estado (art. 27.º, 2). Recorde-se que esse período experimental durará de 13 de Julho de 2005 a 31 de Dezembro do mesmo ano – Portaria 811/2005, de 12 de Setembro.

O RNPC criou e deverá manter uma bolsa de firmas reservadas a favor do Estado (art. 15.º, 1) com protecção em todo o território nacional até à sua afectação a uma determinada sociedade (art. 15.º, 2) e tendo o Estado direito à sua exclusividade (art. 15.º, 3). Na verdade, não é uma bolsa de firmas, mas uma bolsa de expressões de fantasia que deverão ser utilizadas para compor a firma.

Foi dito que o Estado tem direito de exclusividade relativamente a estas expressões de fantasia constantes da bolsa: exclusividade que também não é exclusividade de uso – o Estado não vai usar essas firmas a não ser para efeitos da criação de empresas «na hora».

A cada uma dessas expressões de fantasia estará associado um NIPC; a expressão de fantasia e o NIPC associado serão afectadas de forma exclusiva às sociedades a constituir segundo o regime em causa.

Disse há pouco que o regime das empresas na hora apenas permite constituir sociedades por quotas ou anónimas. Quanto aos CFE de Coimbra e Aveiro, posso dizer-lhes que, até 28/10, do total de sociedades constituídas através do novo regime, 98,4% eram sociedades por quotas, e apenas 1,6% eram sociedades anónimas.

4. Onde constituir as «empresas na hora». O período transitório

Para a constituição de uma empresa «na hora» os interessados deverão dirigir-se a uma conservatória do registo comercial ou ao posto de atendimento do registo comercial que esteja criado e a funcionar junto dos Centros de Formalidades de Empresas (art. 4.º, 1 e 2)[9].

Durante o período experimental, a constituição de empresas «na hora» começou por poder ter lugar apenas nas Conservatórias do Registo Comercial de Aveiro, Coimbra, Moita e Barreiro, bem como nos postos de atendimento do registo comercial junto dos CFE de Aveiro e Coimbra (art. 27.º, 1).

Desde 15 de Novembro, estão já a funcionar mais seis locais onde é possível aquela constituição: as Conservatórias do Registo Comercial de Beja, Braga, Bragança, Guarda e Vila Nova de Gaia e o posto de atendimento junto do CFE de Braga.

---

[9] Por despacho dos ministros da Justiça e da Economia e da Inovação podem ser criados postos de atendimento das conservatórias do registo comercial junto dos CFE do respectivo concelho.

De acordo com informação que me foi gentilmente prestada pelo Dr. Miguel Cabrita, o Governo tenciona ainda tornar possível a constituição de «empresas na hora» a partir dos seguintes locais:

- Em Dezembro de 2005, nas CRC de Loulé, Sintra, Viseu; no RNPC em Lisboa; nos CFE de Viseu, Loulé e Lisboa
- Em Janeiro de 2006, nas CRC de Évora, Leiria, Santarém e Viana do Castelo; no CFE de Leiria
- Em Fevereiro de 2006, nas CRC de Castelo Branco, Portalegre, Setúbal e Vila Real; no CFE de Setúbal.

As conservatórias do registo comercial e os postos de atendimento do registo comercial a funcionar junto dos CFE têm competência para a tramitação de todo o procedimento de constituição das empresas «na hora» (art. 4.º, 3).

Esse procedimento deve iniciar-se e concluir-se no mesmo dia, em atendimento presencial único (art. 5.º).

Além disso, a competência (das conservatórias do registo comercial) para a criação de empresas «na hora» não depende da localização da sede da sociedade (art. 4.º, 1, quanto às Conservatórias, mas aplicável, por analogia, aos postos de atendimento do registo comercial junto dos centros de formalidades de empresas).

Se o serviço que conduziu o procedimento de constituição da sociedade não é a conservatória territorialmente competente (competente, obviamente, em função da localização da sede da sociedade), aquele serviço, após conclusão do procedimento de constituição, deverá remeter, no prazo de vinte e quatro horas, a pasta da sociedade à referida conservatória territorialmente competente – mas esse envio só terá lugar quando não existam condições que garantam o acesso à informação sobre a sociedade por via electrónica (cfr. art. 13.º, n.º 2 e 3).

5. O procedimento que deve iniciar-se e concluir-se no mesmo dia

O procedimento de constituição da empresa na hora inicia-se a pedido dos interessados (art. 6.°, 1), que terão logo de realizar opções quanto à firma e ao modelo de pacto ou acto constitutivo (art. 6.°, 1). Essas opções serão tomadas em função das informações que os interessados previamente recolheram ou que são obtidas na altura.

Em face desse pedido, o funcionário do serviço que o recebe deverá verificar a identidade, a capacidade e os eventuais poderes de representação dos interessados para o acto (art. 7.°, 1).

Essa verificação terá de ser realizada pelo controlo dos documentos comprovativos, os quais terão de ser, por isso, logo de início apresentados.

O DL 111/2005 dispõe que os interessados deverão ainda apresentar o documento comprovativo do depósito das entradas em dinheiro, que poderá ser substituído por declaração, sob sua responsabilidade, de que o depósito das entradas em dinheiro é realizado no prazo de cinco dias úteis (art. 7.°, 2).

Simplesmente, a constituição de sociedades pelo novo regime, durante o período experimental, só pode ter lugar com recurso a uma expressão de fantasia reservada a favor do Estado.

Essa expressão de fantasia é afectada à sociedade a constituir no âmbito do processo de constituição. Por isso, julgamos que os interessados não têm possibilidade de abrir conta em instituição bancária em nome da sociedade antes da constituição porque não têm certificado de admissibilidade nem cartão provisório de identificação com o respectivo número provisório de identificação da sociedade a constituir.

O que não deixa de ser curioso se referirmos também que, ao abrigo do regime das empresas na hora, foram constituídas, até 10 de Novembro, 1117 sociedades. Temos, pois, 1117 sociedades que se constituíram sem que os sócios tenham realizado, à data da constituição, qualquer parte do capital social subscrito.

Depois do período experimental, e se obtiverem o certificado de admissibilidade da firma e o cartão provisório de identificação, podem os interessados abrir conta em nome da sociedade a constituir e, dessa forma, poderão apresentar o documento comprovativo do depósito das entradas em dinheiro.

Terminado o período experimental, passará a ser possível depositar as entradas antes da constituição.

Mas a partir de então, embora a lei não o diga, também parece que se permite que, se o depósito já foi realizado, o documento comprovativo seja substituído por declaração dos sócios de que teve lugar aquele depósito (cfr. o n.º 4 do art. 202.º e o n.º 4 do art. 277.º, ambos do CSC).

Uma informação mais. Nos CFE de Coimbra e Aveiro, até 28/10, 84,1% das sociedades constituídas nos termos do regime da empresa «na hora» tinham sido constituídas com um capital de apenas 5.000 Euros.

Com a formulação do pedido de constituição da sociedade, os interessados «podem proceder à entrega imediata da declaração de início de actividade para efeitos fiscais» (art. 7.º, 3).

Segundo informação que me foi dada, mais uma vez, pelo Dr. Miguel Cabrita, o Governo pretende que, até Abril de 2006, a entrega da declaração de início de actividade possa ser realizada de forma desmaterializada, com eliminação do impresso de declaração.

Como é óbvio também, os interessados terão de se fazer acompanhar dos meios suficientes para o pagamento dos encargos devidos.

Formulado o pedido e realizadas as verificações da identidade, capacidade e poderes de representação, e da regularidade dos documentos apresentados (art. 8.º, 1), o serviço competente deverá seguir a seguinte ordem de actos (art. 8.º, 1):

1.º Cobrar os encargos devidos (a)); são eles os emolumentos previstos no Regulamento Emolumentar dos Registos e do Notariado (não sendo devidos emolumentos pessoais), o imposto do selo e os custos das publicações que irão ser realizadas (art. 14.°).

A constituição de uma «empresa na hora» ficará em cerca de 360 Euros (publicações incluídas) mais imposto de selo e, se for empresa que vise a inovação tecnológica, a investigação ou o desenvolvimento, os custos serão de apenas cerca de 300 Euros (publicações incluídas) mais imposto de selo.

2.° Se a firma for composta com o recurso a uma expressão de fantasia que foi criada e reservada a favor do Estado (e durante o período experimental é esta a única alternativa a que se pode recorrer), deverá ser afectada, por via informática e a favor da sociedade, a firma escolhida (melhor dizendo, a expressão de fantasia). Afectado será também, por via informática, o NIPC associado (b)). Como a firma criada e reservada a favor do Estado não é uma firma completa, o serviço competente acrescentará, necessariamente, os aditamentos que indicam o tipo de sociedade (Limitada ou Lda, Sociedade Anónima ou S.A.). O serviço competente, se os interessados por isso optarem, acrescentará ainda uma expressão alusiva ao objecto social entre a expressão de fantasia e os aditamentos; essa expressão alusiva ao objecto social deverá ainda ser incluída na firma se isso for obrigatório por lei. Se, por acaso, o procedimento não terminar no dia em que se iniciou, por facto imputável aos interessados, isso determina a caducidade do direito ao uso da firma afecta à sociedade a constituir. De acordo com o o que compreendi da informação que me foi prestada na Conservatória do Registo Comercial de Coimbra pela Dra. Cláudia Pestana e ainda pelo Dr. Miguel Cabrita, a expressão de fantasia, nesse caso, volta a ser inserida na bolsa de firmas.

3.° Preenchimento do pacto ou acto constitutivo, por documento particular, de acordo com o modelo escolhido pelos interessados (c)); temos, assim, um documento particular preenchido por serviço público que nem sequer é entregue a quem o assina; depois do preenchimento, segue-se a assinatura;

4.º Reconhecimento presencial das assinaturas dos intervenientes, apostas no pacto ou acto constitutivo (d)), reconhecimento que será realizado pelo conservador (art. 8.º, 2);

5.º Anotação da apresentação do pedido de registo no diário, pedido esse que é verbal (e));

6.º Registo do contrato de sociedade (f)), pelo conservador (art. 8.º, 2) (sem que se perceba por que razão agora apenas se faz referência ao registo do contrato de sociedade, quando no diploma é constante a utilização simultânea dos termos pacto ou acto constitutivo); como as restantes etapas, é no próprio dia em que se iniciou o procedimento que o registo tem lugar; a sociedade adquire logo personalidade jurídica e existe como tal, nos termos do art. 5.º do CSC, o que evita os problemas que conhecemos quanto aos actos praticados em nome da sociedade entre o acto constitutivo e o registo;

7.º Se houve opção por expressão de fantasia criada e reservada a favor do Estado, será feita a inscrição no ficheiro central de pessoas colectivas e a codificação da actividade económica; se foi feita a apresentação de certificado de admissibilidade (o que, durante o período experimental, não pode ser opção), será feita a comunicação do registo para efeitos da inscrição no RNPC e codificação, nos termos gerais ((g));

8.º Emissão e entrega do cartão de identificação de pessoa colectiva e comunicação aos interessados do número de identificação da sociedade na segurança social (h));

9.º Se foi apresentada declaração de início de actividade para efeitos fiscais, será esta completada com a firma, NIPC e CAE (i)).

Completado este procedimento, o serviço competente entrega aos representantes da sociedade uma certidão do pacto ou acto constitutivo e do registo deste e o recibo comprovativo do pagamento dos encargos (art. 12.º).

Por aqui se vê que, embora o pacto ou acto constitutivo seja celebrado por um documento chamado de particular, esse documento (o original) não é depois entregue aos interessados. Ficará na pasta da sociedade.

6. Outras diligências depois de terminado o procedimento anterior

Vimos que a lei dispõe que o início e conclusão do procedimento de constituição devem ter lugar num dia.

Pois bem, terminado o procedimento de constituição da sociedade, segue-se o início de contagem de um prazo de vinte e quatro horas (e sublinho este prazo de vinte e quatro horas) para o serviço competente realizar algumas outras diligências (art. 13.º, 1)[10]. São elas:

1.º Promoção das publicações legais (a)) (compare-se com o regime geral para promover publicações constante do CRC); para as empresas «na hora», está já em vigor o novo regime de publicações legais obrigatórias através de sítio na Internet de acesso público (Portaria 590-A/2005, de 14 de Julho – www.mj.gov.pt/publicacoes); para as restantes sociedades comerciais, entrará em vigor em 1 de Janeiro de 2006; quem consultar o referido sítio na Internet encontra ali, por exemplo, as datas dos actos de constituição e as datas de publicação e tem a possibilidade de consultar o teor dos actos constitutivos;

---

[10] Mas quando é que termina o procedimento de constituição da sociedade? Parece que esse procedimento é constituído por todos os actos previstos no art. 8.º; mas a terminologia é estranha, pois a sociedade existe como tal logo com o registo; e, por outro lado, as publicações não vêm referidas no art. 8.º. O que parece certo é que o cumprimento das obrigações previstas no art. 12.º já não integra o procedimento de constituição da sociedade.

2.° Naquele referido prazo de vinte e quatro horas depois de concluído o procedimento de constituição deverá o serviço junto do qual decorreu esse procedimento remeter ao serviço fiscal competente a declaração de início de actividade que tenha sido entregue (b)); como vimos, essa declaração não tem de ser entregue na altura, mas nesse caso serão advertidos de que o devem fazer no serviço competente, no prazo legal de 15 dias;

3.° Disponibilizar aos serviços competentes (ou seja, o serviço competente deverá disponibilizar aos serviços competentes!), por via informática, os dados necessários para a comunicação (não comunica?) do início de actividade da sociedade à Inspecção-Geral do Trabalho e os dados necessários à inscrição oficiosa da sociedade nos serviços da segurança social, bem como os dados necessários à inscrição oficiosa no cadastro comercial (c));

4.° Promover outras diligências necessárias que sejam fixadas por regulamento ou protocolo (d));

5.° Se necessário, remeter a pasta da sociedade à conservatória do registo comercial territorialmente competente, quando não existam condições que garantam o acesso à informação sobre a sociedade por via electrónica (art. 13.°, 2 e 3). Como se vê, o registo não tem de ser feito na conservatória territorialmente competente.

7. Alguns problemas

7.1. *As regras relativas às firmas*

a) O que está reservado a favor do Estado é apenas uma expressão de fantasia. No entanto, essa expressão de fantasia constará de bolsa de firmas reservadas a favor do Estado, gozando de protecção em todo o território nacional e tendo o Estado direito à sua exclusividade (art. 15.°).

Mas, então, logo se perguntará se é posto em causa o princípio da novidade com o sentido que lhe era até agora atribuído. Como se sabe, decorre do art. 33.°, 1, do RRNPC que «as firmas e denominações devem ser distintas e não susceptíveis de confusão ou erro com as registadas ou licenciadas no mesmo âmbito de exclusividade...».

Agora, com o regime aprovado pelo DL 111/05 para as expressões de fantasia reservadas a favor do Estado, a tutela vai ser conferida precisamente a uma simples expressão de fantasia, que não é toda a firma.

Dizendo de outro modo: aquilo que fica reservado a favor do Estado, aquilo que goza de protecção em todo o território nacional, aquilo a que o Estado tem direito de exclusividade, não é uma firma completa, mas apenas uma expressão de fantasia.

As outras sociedades a constituir estarão impedidas de adoptar firmas apenas compostas por expressão de fantasia idêntica à que consta da bolsa de firmas, acrescidas do aditamento legalmente imposto.

Se, por exemplo, consta da bolsa de firmas a expressão Queda Livre, uma sociedade por quotas a constituir de acordo com o procedimento tradicional não deverá poder optar por uma firma composta apenas por aquela expressão e pelo aditamento Lda. O certificado de admissibilidade da firma não poderia permitir que essa firma fosse assim composta. Não parece difícil concluir que, em tais casos, haveria susceptibilidade de confusão ou erro com a expressão de fantasia reservada a favor do Estado.

Porém, há que perguntar se a solução deve ser sempre a mesma quando a sociedade a constituir sem recurso ao regime das «empresas na hora» quer adoptar firma que tenha algo mais do que uma simples expressão de fantasia constante da bolsa de firmas.

Vamos pensar na hipótese de, para a sociedade a constituir fora do regime das empresas na hora, se pretender a firma Queda Livre, Fabrico e comercialização de pára-quedas, Lda.

A pergunta é esta: será que o direito à exclusividade da firma constante da bolsa impede automaticamente a inclusão da expressão de fantasia em qualquer firma, mesmo quando as firmas dessas outras sociedades contivessem outros elementos?

Ou será que nesse caso haverá que apreciar se essas firmas com outros elementos são ou não confundíveis com a simples expressão de fantasia reservada a favor do Estado?

b) Como a firma criada e reservada a favor do Estado não é uma firma completa, o serviço competente acrescentará os aditamentos que indicam o tipo de sociedade (Limitada ou Lda, Sociedade Anónima ou S. A.) e uma expressão alusiva ao objecto social que os interessados optem por inserir entre a expressão de fantasia e os aditamentos.

Perguntar-se-á: a referência ao objecto social é obrigatória – o serviço competente *deve* completar? Ou só deve completar se os interessados efectivamente optaram por inserir a expressão alusiva ao objecto social?

Na realidade, parece ser em regra opcional a inclusão de expressão relativa ao objecto social (10/1). Até por causa da alteração introduzida no n.° 3 do art. 10.° do CSC quanto às «firmas-denominação» ou às «firmas mistas», para as quais se deixou cair a exigência de alusão ao objecto social.

O serviço competente deve completar a firma com expressão alusiva ao objecto social escolhida pelos interessados. A firma que será completada é sempre uma «firma-denominação» (pois do art. 10.° do DL 111/2005 resulta que não é possível a inclusão na firma da empresa na hora de nomes ou firmas de sócios). O dever de completar com a expressão alusiva ao objecto social só existe se os interessados tiverem escolhido introduzir a expressão alusiva ao objecto social ou então se aquela expressão deve ser incluída por força da lei.

c) Se os interessados em constituir a empresa na hora optaram por inserir a expressão alusiva ao objecto social, importa dar atenção a um outro problema.

Realço: estou agora a falar dos casos em que os interessados, depois de optarem por uma expressão de fantasia da bolsa de firmas, quiseram inserir uma expressão alusiva ao objecto social.

Da lei parece resultar que a inserção daquela expressão alusiva ao objecto se faz sem que se tenha de verificar previamente se a firma a criar (se a firma com expressão de fantasia mais expressão alusiva ao objecto social mais aditamento) é ou não susceptível de induzir em erro relativamente a outras firmas anteriormente registadas para outras sociedades.

Com efeito, para a constituição de uma empresa na hora não será necessário certificado de admissibilidade da firma quando tem lugar o recurso à bolsa de firmas. Não será efectuado o controlo que a emissão daquele certificado pressupõe.

O legislador terá partido do princípio de que, por a firma conter uma expressão de fantasia reservada a favor do Estado, nunca haveria susceptibilidade de a firma da empresa na hora induzir em erro quanto a firmas anteriormente registadas de outras sociedades.

Mas quer-nos parecer que, à medida que o tempo for passando e as expressões contidas na bolsa de firmas se forem renovando, a susceptibilidade de induzir em erro virá a existir.

Mesmo que o cuidado com as expressões de fantasia incluídas na bolsa seja grande, quando forem incluídas na firma expressões alusivas ao objecto social essas firmas também podem ser confundíveis com firmas de sociedades anteriores. Essa susceptibilidade de induzir em erro poderá existir não propriamente por causa da expressão de fantasia, mas por causa dos restantes elementos da firma. O que faz temer o surgimento de litígios *a posteriori*.

d) Sobre as firmas, deixo ainda aqui algumas perguntas. O que significa a reserva a favor do Estado das expressões de fantasia constantes da bolsa de firmas? O Estado é titular dessas expressões de fantasia?

E o que significa a afectação da expressão de fantasia à sociedade a constituir? É transmissão?

7.2. A realização do capital social

Desde o DL 237/01, de 30 de Agosto (que alterou o CSC), quer para as sociedades por quotas, quer para as sociedades anónimas, o documento comprovativo do depósito das entradas em dinheiro já realizadas que devia ser exibido ao notário pode ser substituído por declaração dos sócios, prestada sob sua responsabilidade: mas o que os sócios devem declarar é que o depósito foi realizado. Os sócios emitem declaração que comprova o depósito.

No regime das empresas «na hora» não é assim. Com efeito, basta que os sócios declarem, sob sua responsabilidade, que o depósito das entradas em dinheiro é realizado no prazo de cinco dias úteis (art. 7.º, 2). Isto é, basta que os sócios declarem, não que o depósito está realizado, mas que irão realizar o depósito. O que é um enorme risco. Risco que o objectivo da celeridade na constituição de sociedades, a meu ver, não justifica. Tanto mais que nem sequer no momento do registo do acto constitutivo se efectuará o controlo da realização do capital subscrito. O registo deve ser efectuado e deve ser definitivo, apesar da declaração de que irão realizar o depósito.

Refira-se, também, que o regime das empresas na hora não é claro acerca do montante das entradas em dinheiro que deve ser depositado naquele prazo de cinco dias úteis.

Deve ser depositado no prazo de cinco dias o valor integral das entradas em dinheiro? À primeira vista, parece ser isso que resulta da lei. E os modelos aprovados pelo Director Geral dos Registos e do Notariado confirmariam essa leitura.

Por outro lado, ao menos no caso das sociedades por quotas, a solução que teria sido preferível era a de só poder ser deixado para esses cinco dias úteis seguintes o depósito do montante das entradas em dinheiro que exceda o valor do capital mínimo fixado na lei.

E, para as sociedades anónimas, teria sido preferível que, no momento da constituição, estivessem necessariamente realizados os 30% do valor nominal das acções que o art. 277.º, n.º 2, do CSC impõe. Como me dizia há dias o meu caríssimo colega Dr. Pedro Maia, a solução adoptada para as sociedades anónimas com a legislação relativa às empresas na hora tem de ser vista com cuidado tendo em conta a Segunda Directiva sobre sociedades. Do n.º 1 do respectivo art. 9.º resulta designadamente que as acções emitidas em contrapartida de entradas em dinheiro devem estar realizadas em proporção não inferior a 25% do seu valor nominal «no momento da constituição da sociedade ou no momento da obtenção da autorização para iniciar as suas actividades».

7.3. *O conteúdo dos modelos e as normas dispositivas*

Queremos também deixar uma palavra acerca do conteúdo dos modelos apresentados aos interessados. Se esses modelos foram tidos como um caminho para acelerar a constituição das sociedades em causa, é importante que os interessados obtenham esclarecimentos acerca das alternativas a esses modelos que são deixadas pelos processos tradicionais de constituição de sociedades.

Numerosos problemas que surgem ao longo da vida da sociedade podem e devem ser acautelados na altura da própria constituição da sociedade. Muitos desses problemas podem ser já previsíveis na altura dessa constituição e podem tornar aconselhável a adopção de certas e determinadas cláusulas, que não encaixam nos modelos da «empresa na hora».

O facto de o conteúdo do acto constitutivo constar de modelo a que os interessados aderem ou não provavelmente fará correr alguma tinta acerca de como interpretar as cláusulas do mesmo.

V. G. LOBO XAVIER considerava que na interpretação do contrato de sociedade não se poderá «operar com um declaratário colocado nas condições reais dos efectivos outorgantes do pacto», pelo que, em regra, só se atende às «circunstâncias conhecidas da generalidade ou de que qualquer pessoa podia aperceber-se»[11].

---

[11] V. G. LOBO XAVIER, *Anulação de deliberação social e deliberações conexas*, Atlântida, Coimbra, 1976, p. 565, nota 31.

Nas «empresas na hora», tendo em conta que os interessados apenas aceitam ou não um modelo pré-concebido, não parece que haja que introduzir qualquer desvio a esse critério mesmo nas relações entre fundadores.

É certo que sempre poderá haver quem entenda que o critério a aplicar quanto a cláusulas ambíguas deverá ser o que está previsto para as cláusulas contratuais gerais. Essas cláusulas teriam «o sentido que lhes daria o contratante indeterminado normal que se limitasse a subscrevê-las ou a aceitá-las, quando colocado na posição de aderente real». Mas não nos parece que o problema tenha relevo prático: difícil será que nos modelos aprovados pelo Director Geral dos Registos e Notariado venham a surgir cláusulas de redacção ambígua.

Teoricamente, não deixa de ser interessante a questão de saber se estamos perante contratos que ficam sujeitos ao regime das cláusulas contratuais gerais.

O regime das cláusulas contratuais gerais aplica-se independentemente da autoria das cláusulas referidas. O que interessa, no dizer do Professor Doutor Almeida Costa, é a pré-elaboração, a rigidez, a indeterminação.

Por outro lado, não parece verificar-se nenhuma das excepções previstas no art. 3.º do regime das clausulas contratuais gerais. Não há, por exemplo, cláusulas típicas aprovadas pelo legislador, mas cláusulas aprovadas pelo Director Geral dos Registos e do Notariado; não há contratos que se possam entender como submetidos a normas de direito público.

Certamente que o Estado não está a propor a um destinatário ou aderente a celebração de um contrato. Aí, não há que proteger um aderente contra um proponente.

Mas não é de excluir que um dos interessados em constituir a «empresa na hora» utilize os modelos aprovados como se fossem cláusulas contratuais gerais elaboradas por terceiro.

Parece-me, contudo, que será difícil que o conteúdo dos modelos aprovados possa ser posto em causa pelo regime das cláusulas contratuais gerais.

7.4. *O pedido de registo*

No art. 8.º, 1, e), do DL 111/2005, faz-se referência à anotação da apresentação do pedido verbal de registo do acto constitutivo no diário. Não vemos que esteja excluída a possibilidade de pedido escrito de registo.

Mas, mais importante do que isso, parece que está pressuposta a necessidade de pedido de registo, o que nos parece contraditório com o objectivo de garantir celeridade na constituição das sociedades em causa.

Poderá perguntar-se se é possível que não seja apresentado o pedido verbal de registo. Se isso fosse possível, então, depois do reconhecimento presencial das assinaturas, teríamos um documento particular preenchido por serviço competente com reconhecimento presencial das assinaturas não registado.

É claro que da não formulação do pedido de registo se seguiriam uma série de consequências. O procedimento de constituição não ficaria concluído por razões imputáveis aos interessados e daí resultaria a caducidade do direito ao uso da firma afecta à sociedade a constituir (art. 11.º), a inexistência da obrigação de entrega dos documentos prevista no art. 12.º ou a não realização das diligências subsequentes à conclusão do procedimento previstas no art. 13.º.

7.5. *A recusa do art. 9.º*

No art. 9.º do regime das «empresas na hora», prevê-se a possibilidade de o conservador recusar a realização do acto previsto na al. c) do n.º 1 do art. 8.º.

Mas esses actos (os da al. c)) o conservador não os tem de realizar (v. n.º 2 do art. 8.º): está em causa o preenchimento do pacto ou acto constitutivo. O conservador tem é de realizar o reconhecimento presencial das assinaturas e o registo.

A redacção do n.º 1 do art. 9.º poderia ser alterada – ficando a constar que o conservador deve é recusar o reconhecimento presencial das assinaturas referido na al. d) do n.º 1 do art. 8.º –, ou, então, alterada poderia ser a redacção do n.º 2 do art. 8.º – e o conservador é que passa a realizar o preenchimento do pacto ou acto constitutivo.

O conservador deve recusar o preenchimento do pacto ou acto constitutivo quando:

a) verifique a existência de omissões, vícios ou deficiências que afectem a formação e exteriorização da vontade dos intervenientes no acto ou nos documentos que o devem instruir e que obstem ao registo definitivo – não, portanto, qualquer omissão, vício ou deficiência;

b) quando o acto não seja viável (?), em face das disposições legais aplicáveis (v.g., por não se tratar de um caso que permite o recurso ao regime);

c) quando o acto seja anulável ou ineficaz (diferente é o regime previsto no C. Not.).

8. Conclusão

A finalizar, gostava de salientar alguns aspectos positivos do novo regime:

– o claro propósito de utilizar as novas tecnologias na criação das sociedades abrangidas pelo regime da empresa na hora. Se a firma for composta com o recurso a uma expressão de fantasia que foi criada e reservada a favor do Estado, deverá ser afectada, por via informática e a favor da sociedade, a firma escolhida (melhor dizendo, a expressão de fantasia), bem como a afectação do NIPC associado (se houve opção por expressão de fantasia criada e reservada a favor do Estado, será feita a inscrição no ficheiro central de pessoas colectivas e a codificação da actividade económica);

– até final de 2005, irá passar a ser possível efectuar um registo de domínio na Internet com base na firma escolhida; para isso a constituição da empresa será comunicada electronicamente à Fundação para a Computação Científica Nacional, que logo disponibilizará o domínio – serviço que será assegurado pela referida Fundação e será gratuito no primeiro ano da empresa; a empresa na hora poderá logo ter endereços de correio electrónico personalizados e criar uma página na internet.

– Merece também destaque o facto de dever ter lugar a realização do registo praticamente após o preenchimento do pacto ou acto constitutivo. Deixará de haver preocupação com o que se pode passar entre o acto constitutivo e o registo e, com isso, aumenta-se a segurança;

– No CFE de Coimbra, o tempo médio de constituição de sociedades é de 2 horas, no de Aveiro é de 57 minutos (informação recolhida junto da Dra. Emília Pedro e actualizada até 28/10)

– a possibilidade de comparar tempos médios entre os diversos serviços permite também escolher o serviço onde menos tempo se terá de esperar.

Eu acho que temos a obrigação de encarar o futuro com optimismo. Por isso, desejo, sinceramente, que o regime de que temos estado a falar seja benéfico para a economia e que não traga muitos problemas para os juristas resolverem. A ver vamos.

Termino agradecendo a atenção de todos.

O ARTIGO 35.º DO CÓDIGO DAS SOCIEDADES COMERCIAIS NA VERSÃO MAIS RECENTE

ALEXANDRE MOTA PINTO

(Assistente da F.D.U.C.)

1. Introdução: a problemática evolução histórica do artigo 35.°

Poucas normas do Código das Sociedades Comerciais terão gerado tanta polémica e tanto debate público[1] como o artigo 35.°. Polémica e debate sobretudo à volta da oportunidade e obrigatoriedade da respectiva entrada em vigor, face à suspensão de vigência operada pelo artigo 2.°, n.° 2, do Decreto-Lei n.° 262/86, de 2 de Setembro, que aprovou o Código das Sociedades Comerciais, mas também à volta da própria redacção da norma, uma vez que o artigo 35.° já conheceu três versões distintas, não obstante a 'juventude' do Código[2].

---

[1] Paulo OLAVO CUNHA, em artigo publicado no Diário Económico, de 8 de Setembro de 2004, sob o título *"A (des)capitalização das sociedades, de novo acerca do artigo 35.° do Código das Sociedades Comerciais: uma análise ponto a ponto da legislação"*, afirma mesmo que se trata do *"preceito mais famoso do Código das Sociedades Comerciais"*.

[2] A propósito das constantes alterações, Menezes CORDEIRO, *A perda de metade do capital e a reforma de 2005: um repto ao legislador*, in R.O.A., ano 65, I, 2005, pág. 46, afirma que estamos perante um "preceito mártir". Passamos a expor as três versões que o artigo 35.° já conheceu. A primeira versão, aprovada pelo Decreto-Lei n.° 262/85, de 2 de Setembro:

"1. Os membros da administração que, pelas contas do exercício, verifiquem estar perdida metade do capital social devem propor aos sócios que a sociedade seja dissolvida ou o capital seja reduzido, a não ser que os sócios se comprometam a efectuar e efectuem, nos 60 dias seguintes à deliberação que da proposta resultar, entradas que mantenham pelo menos em dois terços a cobertura do capital.

2. A proposta deve ser apresentada na própria assembleia convocada para os 60 dias seguintes àquela ou à aprovação judicial, nos casos previstos pelo artigo 67.°.

110 O Artigo 35.º do Código das Sociedades Comerciais na Versão Mais Recente

O elemento histórico será certamente útil para a correcta compreensão de uma norma cujo texto foi várias vezes alterado, pelo

> *3. Não tendo os membros da administração cumprido o disposto nos números anteriores ou não tendo sido tomadas as deliberações ali previstas, pode qualquer sócio ou credor requerer ao tribunal, enquanto aquela situação se mantiver, a dissolução da sociedade, sem prejuízo de os sócios poderem efectuar as entradas referidas no n.º 1 até ao trânsito em julgado da sentença."*

A versão aprovada pelo Decreto-Lei n.º 162/2002, de 11 de Julho:

> *"1. Os membros da administração que, pelas contas do exercício, verifiquem estar perdida metade do capital social devem mencionar expressamente tal facto no relatório de gestão e propor aos sócios uma ou mais das seguintes medidas:*
>
> *a) A dissolução da sociedade;*
>
> *b) A redução do capital social;*
>
> *c) A realização de entradas em dinheiro que mantenham pelo menos em dois terços a cobertura do capital social;*
>
> *d) A adopção de medidas concretas tendentes a manter pelo menos em dois terços a cobertura do capital social.*
>
> *2. Considera-se estar perdida metade do capital social quando o capital próprio constante do balanço do exercício for inferior a metade do capital social.*
>
> *3. Os membros da administração devem apresentar a proposta prevista no n.º 1 na assembleia geral que apreciar as contas do exercício, ou em assembleia convocada para os 90 dias seguintes à data do início da assembleia, ou à aprovação judicial, nos casos previstos no artigo 67.º.*
>
> *4. Mantendo-se a situação de perda de metade do capital social no final do exercício seguinte àquele a que se refere o n.º 1, considera-se a sociedade imediatamente dissolvida, desde a aprovação das contas daquele exercício, assumindo os administradores, a partir desse momento, as competências de liquidatários, nos termos do artigo 151.º."*

Por último, a versão aprovada pelo Decreto-Lei n.º 19/2005, de 18 de Janeiro:

> *"1. Resultando das contas de exercício ou de contas intercalares, tal como elaboradas pelo órgão de administração, que metade do capital social se encontra perdido, ou havendo em qualquer momento fundadas razões para admitir que essa perda se verifica, devem os gerentes convocar de imediato a assembleia geral ou os administradores ou directores requerer prontamente a convocação da mesma, a fim de nela se informar os sócios da situação e de estes tomarem as medidas julgadas convenientes.*

que passaremos a analisar a evolução do artigo 35.º e os objectivos de política-legislativa que a determinaram.

O artigo 35.º resulta da transposição para o ordenamento jurídico português do artigo 17.º, da 2.ª Directiva do Conselho, em matéria de Direito das Sociedades, de 13 de Dezembro de 1976[3].

---

2. Considera-se estar perdida metade do capital social quando o capital próprio da sociedade for igual ou inferior a metade do capital social.

3. Do aviso convocatório da assembleia geral constarão, pelo menos, os seguintes assuntos para deliberação pelos sócios:

a) A dissolução da sociedade;

b) A redução do capital social para montante não inferior ao capital próprio da sociedade, com respeito, se for o caso, do disposto no n.º 1 do artigo 96.º;

c) A realização pelos sócios de entradas para reforço da cobertura do capital."

[3] A "Segunda Directiva 77/91/CEE do Conselho, de 13 de Dezembro de 1976, tendente a coordenar as garantias que, para protecção dos interesses dos sócios e de terceiros, são exigidas nos Estados-Membros às sociedades, na acepção do segundo parágrafo do artigo 58.º do Tratado, no que respeita à constituição da sociedade anónima, bem como à conservação e às modificações do seu capital social, a fim de tornar equivalentes essas garantias em toda a Comunidade". Eis o texto do referido artigo 17.º:

"1. No caso de perda grave do capital subscrito, deve ser convocada uma assembleia geral no prazo fixado pelas legislações dos Estados-membros, para examinar se a sociedade deve ser dissolvida ou se deve ser adoptada qualquer outra medida.

2. Para os efeitos previstos no n.º 1, a legislação de um Estado-membro não pode fixar em mais de metade do capital subscrito o montante da perda considerado grave."

Na parte final do n.º 7, do preâmbulo do diploma que aprovou o Código das Sociedades Comerciais, o legislador reconheceu expressamente que o artigo 35.º resultava da 2.ª Directiva Comunitária: "Regulamenta o Código pormenorizadamente a obrigação de entrada dos sócios e a conservação do capital social (arts. 25.º a 35.º), de acordo com a 2.ª Directiva Comunitária, disciplinando rigorosamente a fiscalização das entradas (art. 28.º), a aquisição de bens aos accionistas (art. 29.º), a distribuição de bens aos sócios (arts. 32.º e 33.º) e *a perda de metade do capital* (art. 35.º)" (sublinhados nossos). Para uma análise da 2.ª Directiva

De acordo com o artigo 17.º, no caso de perda grave do capital subscrito – que os Estados-membros não poderiam fixar em mais de metade do capital – deveria ser convocada uma assembleia geral para examinar se a sociedade deveria ser dissolvida ou se deveria ser adoptada uma outra medida.

Mas, o artigo 35.º, na sua primeira versão, resultava também, ainda que indirectamente, dos n.º 3 e § 4.º, do artigo 120.º, do Código Comercial de 1888[4], especialmente do § 4.º, que incluía entre as hipóteses de dissolução das sociedades comerciais, a dissolução a requerimento do(s) credor(es) que prove(m) que, "posteriormente a epoca dos seus contratos, metade do capital social está perdido". De acordo com a segunda parte do artigo 120.º, § 4.º, a sociedade poderia "oppôr-se á dissolução, sempre que dê as necessárias garantias de pagamento aos seus credores.[5]"

Comunitária e da respectiva transposição para a ordem jurídica portuguesa, v. Menezes CORDEIRO, últ. ob. cit., págs. 58 a 79.

[4] A influência do artigo 120.º do Código Comercial de 1888 sobre o artigo 35.º do Código das Sociedades Comerciais é revelada, de forma clara, através de um argumento de natureza sistemática. O artigo 544.º do Código das Sociedades Comerciais, incluído nas "Disposições Finais e Transitórias", dispunha que *"Enquanto não entrar em vigor o artigo 35.º desta lei, os credores de uma sociedade anónima podem requerer a sua dissolução, provando que, posteriormente à época dos seus contratos, metade do capital social está perdido, mas a sociedade pode opor-se à dissolução, sempre que dê as necessárias garantias de pagamento aos seus credores"*. A vigência transitória desta norma (idêntica ao artigo 120.º do Código Comercial) até à data da entrada em vigor do artigo 35.º do Código das Sociedades Comerciais mostra que no "sistema interno" deste Código, a função de protecção dos credores desempenhada pelo artigo 120.º do Código Comercial será cumprida pelo artigo 35.º, revelando a influência que este recebeu daquele normativo.

[5] Era o seguinte, o teor do artigo 120.º, § 4.º, do Código Comercial: "Os credores duma sociedade anonyma podem requerer a sua dissolução, provando que, posteriormente a epoca dos seus contratos, metade do capital social está perdido; mas a sociedade póde oppôr-se á dissolução, sempre que dê as necessarias garantias de pagamento aos seus credores". Como nota Menezes CORDEIRO, *Da perda de metade do capital social das sociedades comerciais*, in R.O.A., n.º 56, I, 1996,

Na versão original, os n.ºs 1 e 2 do artigo 35.° baseavam-se na Directiva, determinando que em caso de perda de metade do capital social, os membros da administração deveriam convocar uma assembleia geral – ou utilizar a própria assembleia geral de aprovação das contas que demonstrem aquela perda – e efectuar uma das três seguintes propostas: a dissolução da sociedade, a redução do capital social ou a realização, no prazo de 60 dias, de entradas que mantenham em pelo menos dois terços a cobertura do capital social.

Se o legislador foi muito liberal ao prever a hipótese da norma, estabelecendo o montante de perda grave relevante no patamar mínimo permitido pela Directiva – metade do capital social –, foi já particularmente exigente quanto à estatuição, impondo aos administradores um dever de apresentar determinadas propostas aos sócios e prescrevendo, em termos taxativos, as vias a seguir: a dissolução da sociedade, a redução do capital social para que este coincidisse com a situação financeira da sociedade, ou, por fim, o verdadeiro saneamento financeiro da sociedade, através de entradas dos sócios.

Mais exigente ainda se revelava o n.° 3 do artigo 35.°, que, claramente inspirado no artigo 120.°, § 4.°, do Código Comercial, sancionava o incumprimento daqueles deveres dos administradores ou até a simples não aprovação das deliberações que estes deveriam propor, atribuindo aos sócios ou credores da sociedade a faculdade de requerer a dissolução desta enquanto se mantivesse a perda de metade do capital social. A perda de metade do capital poderia assim ter a consequência grave de dissolução da sociedade, a requerimento de um sócio ou de um credor.

---

pág. 175, o objectivo do artigo 120.°, § 4.°, era a protecção dos credores, mas não – como sucede com o art. 35.° – através da prescrição de deveres dos administradores de informar os accionistas sobre a situação da sociedade: "A técnica então seguida não era tanto a de informar os sócios, de modo a promover uma solução. Tão-pouco se punham quaisquer específicos deveres, a cargo dos directores das sociedades. A preocupação dominante era, tão só, a defesa dos credores."

Na sua versão inicial, o artigo 35.° seguiu assim um modelo reactivo ou repressivo, como sucedeu, aliás, com os legisladores francês[6]

---

[6] Os artigos L 223-42 e L 225-248, do *Code de Commerce* prevêem a situação de perda do capital social para as sociedades por quotas e anónimas, regulamentando a matéria como uma hipótese especial de dissolução da sociedade. Passamos a expor o texto do artigo L 223-42, relativo às "*sociétés à responsabilité limitée*": "*Se, em resultado de perdas constatadas pelos documentos contabilísticos, os capitais próprios da sociedade se tornarem inferiores a metade do capital social, os sócios decidem, nos quatro meses seguintes à aprovação das contas que evidenciaram essa perda, se há lugar à dissolução antecipada da sociedade. Se a dissolução não for deliberada pela maioria exigida para a modificação dos estatutos, a sociedade é obrigada, até ao termo do segundo exercício subsequente àquele no decurso do qual se verificou a constatação das perdas, a reduzir o seu capital num montante pelo menos igual ao montante das perdas que não puderam ser imputadas nas reservas, se, no referido prazo, os capitais próprios não tiverem sido reconstituídos até um valor pelo menos igual a metade do capital.*

Em ambos os casos, a deliberação adoptada pelos sócios será publicada de acordo com as modalidades fixadas por Decreto em Conseil d'État..

Caso o gerente ou o comissário de contas não provoquem uma decisão dos sócios ou se os sócios não puderam deliberar validamente, qualquer interessado poderá requerer em tribunal a dissolução da sociedade. O mesmo sucederá se as disposições do segundo parágrafo do presente artigo não forem aplicadas. Em todo o caso, o tribunal pode atribuir à sociedade um prazo máximo de seis meses para regularizar a sua situação. Ele não poderá determinar a dissolução da sociedade, se, no dia em que pronunciar a decisão de fundo, esta regularização tiver tido lugar. As disposições do presente artigo não serão aplicáveis às sociedades em processo de recuperação económica./

Si, du fait de pertes constatées dans les documents comptables, les capitaux propres de la société deviennent inférieurs à la moitié du capital social, les associés décident, dans les quatre mois qui suivent l'approbation des comptes ayant fait apparaître cette perte s'il y a lieu à dissolution anticipée de la société.

Si la dissolution n'est pas prononcée à la majorité exigée pour la modification des statuts, la société est tenue, au plus tard à la clôture du deuxième exercice suivant celui au cours duquel la constatation des pertes est intervenue, de réduire son capital d'un montant au moins égal à celui des pertes qui n'ont pu être imputées sur les réserves, si, dans ce délai, les capitaux propres n'ont pas été reconstitués à concurrence d'une valeur au moins égale à la moitié du capital social.

Dans les deux cas, la résolution adoptée par les associés est publiée selon les modalités fixées par décret en Conseil d'Etat.

A défaut par le gérant ou le commissaire aux comptes de provoquer une décision ou si les associés n'ont pu délibérer valablement, tout intéressé peut demander en justice la dissolution de la société. Il en est de même si les dispositions du deuxième alinéa ci-dessus n'ont pas été appliquées. Dans tous les cas, le tribunal peut accorder à la société un délai maximal de six mois pour régulariser sa situation. Il ne peut prononcer la dissolution, si, au jour où il statue sur le fond, cette régularisation a eu lieu.

Les dispositions du présent article ne sont pas applicables aux sociétés en redressement judiciaire ou qui bénéficient d'un plan de continuation".

E, o artigo L 225-248 (originalmente, artigo 241.º do *Code des Sociétés* de 1966, alterado pela Lei n.º 83-353, de 30 de Abril de 1983, e que viria a ser integrado no *Code de Commerce*), aplicável às *"sociétés anonymes"*: *"Se em resultado de perdas constatadas pelos documentos contabilísticos, os capitais próprios da sociedade se tornarem inferiores a metade do capital social, o conselho de administração ou o directório, conforme o caso, é obrigado a convocar a assembleia geral extraordinária, nos três meses seguintes à aprovação das contas que evidenciaram essa perda para o efeito de decidir se há lugar à dissolução antecipada da sociedade."*

Se a dissolução não for deliberada, a sociedade fica obrigada, até à conclusão do segundo exercício subsequente àquele no decurso do qual se verificou a constatação das perdas e sob reserva das disposições do artigo L-224-2, a reduzir o seu capital num montante, pelo menos, igual ao das perdas que não puderam ser imputadas nas reservas, se, no referido prazo, os capitais próprios não tiverem sido reconstituídos até um valor pelo menos igual a metade do capital.

Em ambos os casos, a deliberação adoptada pelos sócios será publicada de acordo com as modalidades fixadas por Decreto em Conseil d'État.

Na falta de reunião da assembleia geral, como no caso em que essa assembleia não tenha podido deliberar validamente em última convocação, todo o interessado poderá requerer em tribunal a dissolução da sociedade. O mesmo sucederá se as disposições do segundo parágrafo do presente artigo não forem aplicadas. Em todo o caso, o tribunal pode atribuir à sociedade um prazo máximo

116 *O Artigo 35.° do Código das Sociedades Comerciais na Versão Mais Recente*

e italiano[7], em detrimento de um modelo simplesmente informativo ou preventivo[8], constante, por exemplo, do § 92, 1, da

---

*de seis meses para regularizar a sua situação. Ele não poderá determinar a dis-
solução da sociedade, se, no dia em que pronunciar a decisão de fundo, esta
regularização tiver tido lugar. As disposições do presente artigo não serão aplicáveis às sociedades em processo de recuperação económica/Si, du fait de pertes
constatées dans les documents comptables, les capitaux propres de la société
deviennent inférieurs à la moitié du capital social, le conseil d'administration
ou le directoire, selon le cas, est tenu dans les quatre mois qui suivent l'approbation des comptes ayant fait apparaître cette perte, de convoquer l'assemblée
générale extraordinaire à l'effet de décider s'il y a lieu à dissolution anticipée
de la société.*

*Si la dissolution n'est pas prononcée, la société est tenue, au plus tard à la
clôture du deuxième exercice suivant celui au cours duquel la constatation des
pertes est intervenue et sous réserve des dispositions de l'article L. 224-2 de
réduire son capital d'un montant au moins égal à celui des pertes qui n'ont pas
pu être imputées sur les réserves, si, dans ce délai, les capitaux propres n'ont pas
été reconstitués à concurrence d'une valeur au moins égale à la moitié du capital social.*

*Dans les deux cas, la résolution adoptée par l'assemblée générale est
publiée selon les modalités fixées par décret en Conseil d'Etat.*

*A défaut de réunion de l'assemblée générale, comme dans le cas ou cette
assemblée n'a pas pu délibérer valablement sur dernière convocation, tout intéressé peut demander en justice la dissolution de la société. Il en est de même si
les dispositions du deuxième alinéa ci-dessus n'ont pas été appliquées. Dans tous
les cas, le tribunal peut accorder à la société un délai maximal de six mois pour
régulariser la situation. Il ne peut prononcer la dissolution, si, au jour où il
statue sur le fond, cette régularisation a eu lieu.*

*Les dispositions du présent article ne sont pas applicables aux sociétés en
redressement judiciaire ou qui bénéficient d'un plan de continuation".*

[7] O art 2446.° do *Codice Civile*, tendo como epígrafe *"Riduzione del capitale per perdite"*, regula a perda de capital social, como uma hipótese de redução
do capital social: "*I. Quando resulte que o capital diminuiu mais de um terço em
consequência de perdas, os administradores devem, sem demora, convocar a
assembleia para a realização dos procedimentos oportunos. À assembleia deve
ser submetido um relatório sobre a situação patrimonial da sociedade, com as
observações do colégio sindical. O relatório dos administradores juntamente com
as observações do colégio sindical deve ficar depositado, com várias cópias, na*

Aktiengesetz alemã[9], também este conforme com o texto da Directiva.

---

sede da sociedade durante os oito dias que precedem a assembleia para que os sócios os possam consultar. II. Se, durante o exercício subsequente, a perda não se encontar diminuída a menos de um terço, a assembleia que aprovar o balanço de tal exercício deve reduzir o capital na proporção das perdas verificadas. Na falta desta deliberação, os administradores e os sindacos devem requerer ao tribunal que determine a redução do capital em razão das perdas resultantes do balanço. O Tribunal decide, depois de ouvido o Ministério Público, mediante despacho que deve ser inscrito no registo das empresas a cargo dos administradores. Contra tal despacho é admitido recurso para o Tribunal de Apelo, nos trinta dias após a inscrição / I. Quando risulta che il capitale è diminuito di oltre un terzo in conseguenza di perdite, gli amministratori devono senza indugio convocare l'assemblea per gli opportuni provvedimenti. All'assemblea deve essere sottoposta una relazione sulla situazione patrimoniale della società, con le osservazioni del collegio sindacale. La relazione degli amministratori con le osservazioni del collegio sindacale deve restare depositata in copia nella sede della società durante gli otto giorni che precedono l'assemblea, perchè i soci possano prenderne visione.

II. Se entro l'esercizio successivo la perdita non risulta diminuita a meno di un terzo, l'assemblea che approva il bilancio di tale esercizio deve ridurre il capitale in proporzione delle perdite accertate. In mancanza gli amministratori e i sindaci devono chiedere al tribunale che venga disposta la riduzione del capitale in ragione delle perdite risultanti dal bilancio. Il tribunale provvede, sentito il pubblico ministero, mediante decreto, che deve essere iscritto nel registro delle imprese a cura degli amministratori. Contro tale decreto è ammesso reclamo alla corte d'appello entro trenta giorni dall'iscrizione."

[8] V. a distinção entre estes dois modelos, em Paulo de Tarso DOMINGUES, *Garantias de consistência do capital social*, in *Problemas do Direito das Sociedades*, Coimbra, 2002. Para a análise das pertinentes normas alemã (com uma extensa análise da respectiva evolução), italiana e francesa, v. Menezes CORDEIRO, *Da perda de metade do capital social*, cit., págs. 160 a 174.

[9] A *Aktiengesetz* insere a regulamentação da perda de metade do capital social, na previsão de deveres específicos da Direcção no caso de perdas, insolvência ou sobre-endividamento da sociedade. O § 92, 1, prescreve um dever da Direcção no caso de perda de metade do capital social: *"Quando resulte da realização do balanço anual ou de um balanço intercalar ou sendo de admitir de acordo com expectativas razoáveis, que se verifica uma perda no montante de*

Tendo optado por essa solução repressiva, o nosso legislador, face à situação financeira de descapitalização de parte do tecido empresarial português, à época agravada pelas funestas consequências económicas das nacionalizações[10], viu-se forçado a suspender *sine die* o artigo 35.° do Código das Sociedades Comerciais[11], o que veio a colocar um problema de violação do Direito Comunitário pelo Estado português[12].

---

metade do capital social, a Direcção deve convocar, de imediato, a assembleia geral e comunicar-lhe este facto / *Ergibt sich bei Aufstellung der Jahresbilanz oder einer Zwischenbilanz oder ist bei pflichtmässigem Ermessen anzunehmen, dass ein Verlust in Höhe der Hälfte des Grundkapitals besteht, so hat der Vorstand unverzüglich die Hauptversammlung einzuberufen und ihr dies anzuzeigen".* O § 92, 2, prevê um dever da Direcção de requerer a falência da sociedade, no caso de insolvência ou sobre-endividamento desta e o § 92, 3, prevê, também para estas situações, um dever de não realização de pagamentos. Para uma análise da evolução histórica da norma no ordenamento jurídico alemão, v. MENEZES CORDEIRO, *Da perda de metade do capital social*, cit., págs 160 a 172.

[10] E de outras medidas jurídicas que, absolutamente cegas face à realidade económica, conduziram à falência não declarada de inúmeras empresas. Cfr. Luís BRITO CORREIA, *Direito Comercial*, vol. II, *Sociedades Comerciais*, Lisboa, 1989, págs. 350/1,

[11] No já citado artigo 2.°, n.° 2, do Decreto-Lei n.° 262/86, de 2 de Setembro, que aprovou o Código das Sociedades Comerciais. O Decreto-Lei n.° 184/87, de 21 de Abril, aprovou as disposições penais e de mera ordenação social que passaram a constituir o Título VII do Código das Sociedades Comerciais, entre as quais consta o artigo 523.° que pune com uma pena de prisão até três meses e multa até 90 dias, o gerente, administrador ou director da sociedade que, verificando pelas contas do exercício estar perdida metade do capital, não cumprir os deveres prescritos no artigo 35.°, n.os 1 e 2. Contudo, a aprovação desta disposição não poderia ser interpretada no sentido de determinar a entrada em vigor da norma cujo incumprimento veio sancionar. O que na realidade se verificou é que, não tendo entrado em vigor o artigo 35.°, também não entrou em vigor a norma sancionatória, o artigo 523.°. Neste sentido, v. Luís BRITO CORREIA, *Direito Comercial*, vol. II, *Sociedades Comerciais*, Lisboa, 1989, pág. 352, e Menezes CORDEIRO, *Da perda de metade...* cit., pág. 177.

[12] E isto, apesar de o artigo 35.° ter um âmbito de aplicação mais vasto do que o artigo 17.° da 2.ª Directiva, abrangendo outras sociedades além das socie-

O regime da perda de metade do capital social passaria assim por um longo período de hibernação, que só seria interrompido, de

---

dades anónimas (entre as quais, com relevante aplicação prática, as sociedades por quotas), e de ser muito mais exigente do que aquela norma comunitária. Na verdade, o art. 17.º da 2.ª Directiva estabelecia apenas um dever dos administradores de informar aos sócios em assembleia geral, a perda de metade do capital subscrito, para nessa assembleia geral estes examinarem a eventual dissolução da sociedade ou a adopção de outra medida, deixando aos Estados-membros a fixação do prazo para a convocação dessa assembleia, não estabelecendo qualquer consequência para a não adopção de qualquer medida pelos sócios (em bom rigor estes não têm um dever de adoptar qualquer medida) e nem sequer prevendo qualquer sanção para os casos em que os administradores não cumpram aquele seu dever de informação aos sócios (trata-se aqui de um dever a cujo incumprimento não corresponde qualquer sanção, o que é criticado por Marcus LUTTER, *Die Entwicklung des Gesellschaftsrechts in Europa*, in EuR, 1975, págs. 157 e segs.). Já o artigo 35.º, na sua versão original, além de fazer impender sobre os administradores o dever de informar os sócios, previa também o dever de estes proporem em termos alternativos a redução do capital social, a dissolução ou recapitalização da sociedade. Além disso, estabelecia um prazo máximo de 60 dias após a assembleia geral de aprovação de contas para o cumprimento do dever de apresentação destas propostas. Por outro lado, prescrevia consequências bem severas (a dissolução da sociedade a requerimento de um credor ou de um sócio) para o incumprimento dos deveres de comunicação de perda do capital pelos administradores ou para a não aprovação de uma das medidas atrás referidas pelos sócios (art. 35.º, n.º 3). Na verdade, só na previsão do montante da perda considerada grave o legislador português não foi além da Directiva, bastando-se com o patamar mínimo de metade do capital social que esta previa.

Apesar de o artigo 35.º superar claramente o regime previsto na Directiva, não chegou a haver uma transposição completa daquela norma comunitária para o ordenamento jurídico português, dado que aquele artigo não chegou a entrar em vigor. Neste sentido, parece ir Menezes CORDEIRO, *Da perda de metade...* cit., pág. 177, ao escrever que o Direito Comunitário "careceria sempre de recepção, para ser exequível neste caso."

Nem se diga que as exigências impostas pela Directiva estariam cumpridas, através da norma transitória do artigo 544.º que, enquanto o artigo 35.º não entrasse em vigor, permitia aos credores de uma sociedade anónima que tivesse perdido metade do capital social após a constituição dos respectivos créditos,

120   *O Artigo 35.° do Código das Sociedades Comerciais na Versão Mais Recente*

modo algo surpreendente[13], pelo artigo 4.° do Decreto-Lei n.° 237/ /2001, de 30 de Agosto, que veio pôr em vigor o artigo 35.°[14]. E, de forma algo brusca, uma vez que o artigo 35.° se aplicaria, desde logo, às contas relativas ao exercício de 2001, pelo que com a aprovação destas contas, na assembleia geral anual de 2002, se tornaria possível a um credor ou a um sócio requerer a dissolução judicial das sociedades que mantivessem a perda de metade do capital social.

Foi, certamente, para evitar este resultado, em termos imediatos, que um ano após a respectiva entrada em vigor, o artigo 35.° viria a sofrer importante alteração, através do Decreto-Lei n.° 162/2002, de 11 de Julho. Alteração num sentido ainda mais exigente e repressivo, já que a perda de metade de capital passaria a constituir uma causa de dissolução da sociedade[15], dando-se, contudo, um maior

---

requerer a dissolução judicial da sociedade. Na verdade, o fim imediato da norma comunitária, a informação aos sócios sobre a situação financeira da sociedade, não era prosseguido pelo artigo 544.° que, além do mais, através de uma solução duvidosa do ponto de vista jurídico-legislativo, acabava por fazer prevalecer a dissolução da sociedade descapitalizada – uma finalidade simplesmente mediata da norma comunitária – sobre o respectivo saneamento e recapitalização.

[13] De forma surpreendente, não só porque não fora previamente anunciada ou justificada e porque o referido artigo se veio inserir num diploma com um âmbito muito mais vasto, mas também por não se conhecerem à época estudos relativos á constituição financeira das sociedade de capitais portuguesas, que permitissem saber com exactidão o n.° de sociedades que cairiam na hipótese do artigo 35.°. Em tom crítico, v. Menezes Cordeiro, *A perda de metade do capital e a reforma de 2005*, cit., pág. 50, que se refere ao artigo 4.° "como autêntica «cláusula-surpresa», em total desalinho com o teor geral do diploma".

[14] Com efeitos, a partir do dia 4 de Setembro de 2001.

[15] Esta solução, draconiana para muitas sociedades, não encontra qualquer paralelo noutras ordens jurídicas da União Europeia. O Decreto-Lei n.° 162/2002, de 11 de Julho, introduziu outras alterações na redacção do artigo 35.°. Por um lado, estabeleceu o dever de os administradores mencionarem expressamente a perda do capital social no relatório de gestão (art. 35.°, n.° 1). Por outro lado, admitiu outras medidas de recapitalização da sociedade, além da realização de entradas (art. 35.°, n.° 1, alínea d)) e veio esclarecer que se considera estar perdida metade do capital social, quando o capital próprio constante do balanço do

prazo às sociedades para que pudessem reconstituir a relação entre capitais próprios e capital social, antes da verificação daquele efeito dissolutório.

Na verdade, o referido diploma introduziu um n.º 4.º, no artigo 35.º, prescrevendo que se a situação de perda de metade do capital se mantivesse no final do exercício seguinte àquele em que foi verificada, considerar-se-ia a sociedade imediatamente dissolvida[16], desde a aprovação das contas desse exercício subsequente. O primeiro exercício relevante seria o de 2003[17], pelo que com a aprovação das contas do exercício de 2004, nas assembleias gerais anuais que deveriam ter lugar até Março ou Maio de 2005[18], um grande número de sociedades enfrentaria o risco de dissolução automática[19].

---

exercício for inferior a metade do capital social, recorrendo à noção própria do POC (capital próprio), o que merece o nosso aplauso. Por último, veio fixar em 90 dias seguintes à assembleia de aprovação de contas, o prazo para a realização da assembleia destinada à apresentação de propostas pelos administradores.

[16] O artigo 141.º, n.º 1, alínea f), passou a conter esta nova causa de dissolução automática da sociedade, podendo qualquer sócio, sucessor de sócio, credor da sociedade ou credor de sócio de responsabilidade ilimitada promover a respectiva justificação notarial da dissolução da sociedade.

[17] De acordo com o artigo 2.º, n.º 2, do Decreto-Lei n.º 162/2002, de 11 de Julho, que visou assim dar tempo às empresas para impedir este efeito dissolutório.

[18] V. artigo 65.º, n.º 5.

[19] A alteração e entrada em vigor do art. 35.º eram medidas constantes do denominado "Programa para a Produtividade e Crescimento da Economia", aprovado à época por Resolução do Conselho de Ministros, integrando uma parte deste "Programa" intitulada "Revitalização do tecido empresarial português".

Transpondo para o universo global das sociedades abrangidas pelo art. 35.º, um estudo da empresa "Dun & Bradstreet", cujos resultados foram publicados no Diário Económico, de 22 de Junho de 2004, esta dissolução automática determinaria a extinção de cerca de 40 mil empresas portuguesas. Não deixa de ser irónico que uma medida destinada à "Revitalização do tecido empresarial" tivesse como consequência automática o desaparecimento de tantas empresas.

Por outro lado, o Estado-empresário não foi capaz de dar o exemplo, acompanhando a exigência do Estado-legislador. Empresas públicas simbólicas como a RTP ou a TAP enfrentavam, no final de 2004, o risco de dissolução legal!

O Decreto-Lei n.º 19/2005, de 18 de Janeiro, foi aprovado *in extremis*, por forma a evitar aquelas dissoluções, alterando radicalmente o artigo 35.º, que passaria a seguir um modelo simplesmente informativo, mais próximo da solução alemã e da própria Directiva.

Na actual redacção, os administradores da sociedade têm apenas o dever de convocar de imediato a assembleia geral e de nesta informar os sócios da situação de perda de metade do capital, podendo estes tomar as medidas que julguem convenientes, entre as quais se contam a dissolução, redução ou recapitalização da sociedade, devendo estas medidas constar do aviso convocatório daquela assembleia geral.

A não adopção de qualquer medida e a consequente manutenção da situação de perda de metade do capital social deixam de ter qualquer consequência dissolutória para a sociedade, acarretando apenas a obrigação de a sociedade dar a conhecer esse facto a terceiros, mencionando a referida perda em todos os seus actos externos (artigo 171.º, n.º 2, introduzido pelo Decreto-Lei n.º 19/2005).

2. Análise do artigo 35.º

a) A situação de perda de metade do capital social

aa) O conhecimento da perda de metade do capital social pelos membros da administração da sociedade

Importa, antes de mais, delimitar com precisão a hipótese em que os gerentes, administradores ou directores ficam constituídos no dever de informar os sócios sobre a situação de perda de metade do capital social. Não é a situação de perda do capital em si, que constitui os administradores naquele dever, pois estes só podem e devem informar os sócios sobre a situação financeira da sociedade, se tiverem ou puderem ter conhecimento dela. A Lei prevê assim as hipóteses em que sendo conhecida ou simplesmente cognoscível dos membros da administração a situação de perda de metade do capital social, estes deverão informar os sócios desse facto.

Na hipótese mais comum, os administradores ou gerentes tomarão conhecimento da perda de metade do capital, no cumprimento do seu dever de elaborar as contas do exercício (art. 65.º, n.º 1), para que estas sejam submetidas à aprovação da assembleia geral ou do conselho geral – nas sociedades com estrutura dualista – no prazo de três ou de cinco meses[20], a contar da data do encerramento de cada exercício anual. A perda de metade do capital social poderá resultar também de contas intercalares, elaboradas pelo órgão de administração[21]. Estas contas intercalares poderão ser realizadas

---

[20] Este último prazo mais alargado para a aprovação das contas anuais será aplicável caso se trate de sociedades que devam apresentar contas consolidadas ou que apliquem o método da equivalência patrimonial – v. arts. 65.º, n.º 5 e 376.º, n.º 1.

[21] Já neste sentido, face às anteriores versões da Lei, que se referiam apenas a "contas do exercício", a interpretação técnica n.º 14, da Ordem dos Revisores Oficiais de Contas determinava que os R.O.C. deveriam ter em conta "quaisquer contas intercalares que fossem divulgadas e objecto do seu trabalho". O legislador passa a não distinguir entre uma situação de desequilíbrio estrutural do balanço da sociedade e a situação de perdas fortuitas, a meio do exercício, antes considerando que a diminuição do capital próprio abaixo de metade do capital social constitui uma situação patriominal grave que exige a respectiva informação aos sócios, logo que ocorra – v. a este propósito, Paulo de Tarso DOMINGUES, *Garantias de consistência do capital social*, cit., pág. 531, parecendo concordar com a anterior solução legislativa, que relevava apenas a situação de perda de metade do capital apurada através das contas de exercício.

Diga-se, por outro lado, que só relevarão as contas "tal como elaboradas pelo órgão de administração", o que leva a excluir as contas elaboradas por estranhos à administração (v.g., por um sócio ou um terceiro com informação privilegiada sobre a situação financeira da sociedade). Contudo, as contas elaboradas por estranhos sempre poderão constituir "fundadas razões para admitir" que se verifica a perda de metade do capital social, o que constituirá os administradores no dever de informar os sócios (v. art. 35.º, n.º 1).

expressamente para o efeito ou por outros motivos, como, por exemplo, a realização de um balanço para o cálculo da contrapartida a pagar pela amortização de uma quota (v. art. 235.°, n.° 1, alínea a))[22].

Mas, na nova redacção, o artigo 35.° foi bastante mais exigente quanto ao apuramento da situação financeira da sociedade, deixando de pressupor a elaboração de contas pela administração. Se, em qualquer momento da vida da sociedade, um administrador ou gerente que actue com a diligência de um gestor criterioso e ordenado tiver fundadas razões para admitir que se verifica a perda de metade do capital social, deverá desde logo comunicar este facto à assembleia geral de sócios[23]. Na verdade, em determinadas situações de perdas graves nem sequer será necessária a elaboração de um balanço, já que os gerentes, administradores ou directores, conhecedores da situação patrimonial da sociedade, terão esse

---

[22] Mais complexa é a questão de saber se os gerentes ou administradores, podendo concluir através de vários indicadores que a sociedade se mantém com um capital próprio inferior a metade do capital social, estarão obrigados a realizar contas intercalares para aferir a situação patrimonial da sociedade – questão colocada e respondida afirmativamente por Welf MÜLLER, *Der Verlust der Hälfte des Grund-oder Stammkapitals*, in ZGR, 1985, pág. 212. Parece que, nesta hipótese, a um gestor criterioso e ordenado (art. 64.°) se depararia uma alternativa: a realização de um balanço intercalar ou, perante os indicadores relativos à situação financeira da sociedade, a convocatória – sem prévia realização de balanço – da assembleia geral de sócios.

[23] Ao conceder relevância aos balanços intercalares ou até a fundadas razões dos membros da administração para admitir a perda de capital, o legislador português, no Decreto-Lei n.° 19/2005, de 18 de Janeiro, seguiu de perto o legislador alemão. Também o § 92, 1, da *Aktiengesetz* prevê que os membros da Direcção deverão convocar a assembleia se, de acordo com a devida e criteriosa apreciação, for de admitir a existência da perda de metade do capital social. De acordo com a análise histórica de Menezes CORDEIRO, *Da perda de metade... cit.*, pág. 172, esta parte do preceito foi introduzido pela *Aktiengesetz* de 1937, com a finalidade de evitar que a direcção se furtasse ao dever de convocar a assembleia geral, através da omissão da elaboração das contas. Ora, também este objectivo poderá agora ser alcançado através do artigo 31.°.

balanço e a situação de perda do capital social bem presentes no seu espírito.

O objectivo do legislador foi certamente o de abranger toda e qualquer situação de perda do capital social, de forma a que um membro do conselho de administração que conheça ou (actuando com a diligência de um gestor criterioso e ordenado) possa conhecer essa situação informe de tal facto os sócios ou accionistas da sociedade.

ab) O apuramento no balanço da situação de perda de metade do capital social

O artigo 35.°, n.° 2, esclarece que se considera estar perdida metade do capital social quando o capital próprio da sociedade for inferior a metade do capital social[24]. Será, por isso, necessário elaborar um balanço que permita conhecer em termos claros e objectivos a situação financeira da sociedade e, em particular, estimar o capital próprio, resultante da diferença entre o património (activo) e as dívidas (capital alheio ou passivo) sociais. Depois de apurado, o capital próprio será confrontado com o capital social, de modo a verificar se o respectivo valor já não atinge metade da cifra deste[25].

Uma das finalidades do artigo 35.° é a prescrição de um critério objectivamente comprovável, de entrada da sociedade numa crise financeira, de modo a que os sócios sejam atempadamente

---

[24] A referência ao capital próprio (introduzida pelo Decreto-Lei n.° 162/ /2002, de 11 de Julho), noção utilizada pelo POC, merece o nosso aplauso, já que permite evitar dúvidas na apreciação financeira da sociedade. A utilização da referida noção no Direito das Sociedades fora por nós defendida em Alexandre MOTA PINTO, *Do Contrato de Suprimento, o financiamento das sociedades entre capital próprio e capital alheio*, Coimbra, 2002, nota 133.

[25] Note-se que, de acordo com a interpretação técnica n.° 14, da Ordem dos Revisores Oficiais de Contas, haverá uma situação de perda de capital relevante para o R.O.C., nos casos em que embora o balanço elaborado pela administração a não evidencie, essa situação decorra de eventuais reservas por desacordo por aquele expressas.

avisados dessa crise, antes que a sociedade venha a falir. Por isso mesmo, o legislador teve o cuidado de esclarecer em que situação se considera estar perdida metade do capital social.

Note-se que não se tratará aqui de apurar se o património se tornou inferior a metade do capital social ou sequer de verificar se as perdas sofridas num só exercício ou as perdas acumuladas em vários exercícios são superiores a metade do capital social[26].

É antes necessário verificar se as perdas acumuladas diminuíram de tal forma o capital próprio que este se veio a tornar inferior a metade do capital social. Para este efeito, deverão ser contabilizados como capital próprio: o capital social ou, mais concretamente, as entradas dos sócios para o capital social e eventuais ágios correspondentes à diferença entre o valor das entradas e o valor nominal das quotas ou acções que os sócios adquiriram; as reservas legais, estatutárias, livres e de reavaliação; os lucros transitados de exercícios anteriores e as prestações suplementares.

Entendemos que as reservas ocultas não devem ser tidas em conta no apuramento da situação de perda de metade do capital social. Isto, apesar de o elemento histórico da interpretação apontar em sentido contrário: a anterior redacção do artigo 35.º referia-se ao "capital próprio constante do balanço do exercício" e a actual refere-se ao "capital próprio da sociedade", podendo levar a concluir que se trataria aqui de todo o capital próprio quer aparecesse, quer fosse oculto no balanço da sociedade. No entanto, a consideração das reservas ocultas para o apuramento da situação de perda de capital representaria sempre a introdução de um elemento de subjectividade na apreciação daquela situação, contrariando frontalmente o objectivo fundamental do artigo 35.º, de previsão de um critério objectivo e seguro para a determinação da entrada da sociedade numa situação de crise financeira. A justa consideração do elemento teleológico conduz à prevalência deste sobre o elemento histórico, apontando a conclusão de que as reservas ocultas não

---

[26] Na verdade, as perdas acumuladas poderão ter sido antecedidas de períodos lucrativos.

deverão ser consideradas na apreciação da situação de perda de metade do capital social[27-28].

Na elaboração das contas que permitirão aferir a perda de metade do capital, os administradores devem proceder a uma avaliação criteriosa e ordenada da situação patrimonial da sociedade, seguindo os critérios estabelecidos no P.O.C.[29], entre os quais cumpre destacar os princípios do custo histórico, da continuidade e da consistência[30].

Esta exigência é importante, já que muitas vezes os membros da administração poderão ter a tendência de utilizar alguma "mar-

---

[27] Problemática é a questão de saber se os gerentes ou administradores, pretendendo evitar o procedimento imposto pela situação de perda de metade do capital – e, nas sociedades anónimas, os inconvenientes que daí advêm para a imagem da sociedade junto do público em geral – poderão realizar um balanço em que aquelas reservas voltem a aparecer, aumentando assim o capital próprio ostensivo, que voltará a superar metade do capital social. Na verdade, uma tal prática parece colidir com o princípio da consistência ou uniformidade, enunciado pelo POC (que, no enunciado do princípio da prudência veda mesmo a formação de reservas ocultas), de acordo com o qual a sociedade não altera as suas políticas contabilísticas de um exercício para o outro – cfr. Welf MÜLLER, *Der Verlust der Hälfte*, cit., pág. 206. Tais reservas só poderão ressurgir no balanço se os princípios de uma avaliação contabilística ordenada, nomeadamente os princípios da prudência e da materialidade, o permitirem. Seria, possível, por exemplo, patentear no balanço um aumento do valor do imobilizado da sociedade, até ao limite do seu custo histórico ou de aquisição ou, por exemplo, face à não utilização de certas instalações da sociedade na respectiva actividade empresarial, proceder à reavaliação daquelas, de acordo com um valor de mercado – v. estes exemplos em Welf MÜLLER, *Der Verlust der Hälfte*, cit., pág. 205. Neste sentido, v. Marcus LUTTER/ /Peter HOMMELHOFF, *GmbH-Gesetz,* 15.ª ed., Köln, 2000, pág. 758.

[28] Também os suprimentos e os créditos com subordinação acordada com o credor deverão ser considerados capital alheio.

[29] Cfr. artigo 65.°, n.° 2.

[30] Também a interpretação técnica n.° 14, da Ordem dos Revisores Oficiais de Contas releva este último princípio. Cfr. Welf MÜLLER, ob. cit., pág. 206. De acordo com o princípio do custo histórico, os registos contabilísticos devem basear-se nos custos de aquisição ou produção dos bens que constituem o património da sociedade.

128   *O Artigo 35.º do Código das Sociedades Comerciais na Versão Mais Recente*

gem de manobra" contabilística para evitar a publicitação da situação de perda de metade do capital social, especialmente se tiverem de enviar os seus balanços a instituições bancárias ou outros credores sociais[31].

Cabe aqui uma breve referência ao facto de as contas para apurar a perda de metade do capital social deverem ser feitas de acordo com o princípio da continuidade (*"going concern"*), considerando que a sociedade continuará a operar com duração ilimitada, e entendendo-se que aquela não tem intenção nem necessidade de entrar em liquidação[32]. Na verdade, a situação de perda de metade do capital constitui apenas um sinal objectivo que o Direito fornece aos sócios e aos credores, para que estes tomem conhecimento da situação financeira da sociedade. Ela não constitui um sinal ou sequer um primeiro passo para a falência ou liquidação da sociedade, pelo que o património desta deverá ser avaliado na perspectiva da continuação da sociedade e não de acordo com o seu valor de liquidação[33], como se sabe, bastante menor.

Apesar de prevista expressamente pelo legislador gaulês[34], parece-nos assumir escassa relevância prática[35] a questão da aplica-

---

[31] Welf MÜLLER, ob. cit., pág. 206.

[32] De acordo com o enunciado daquele princípio constante do P.O.C..

[33] A resposta à questão seria mais complicada nas anteriores versões do artigo 35.º, sobretudo na que antecedeu a redacção actual, em que a situação de perda de metade do capital constituía uma hipótese de dissolução automática da sociedade. Em determinadas hipóteses em que, face à situação patrimonial da sociedade, os administradores entendam que a falência e liquidação será o destino mais provável, deverão avaliar o património da sociedade, de acordo com o seu valor de liquidação Na Alemanha, a doutrina defende que a estimação do património social, de acordo com o princípio da continuidade ou pelo valor de liquidação, dependerá de um juízo de prognose sobre a manutenção da actividade societária – cfr. Welf MÜLLER, ob. cit., págs. 200 e segs. e Marcus LUTTER/Peter HOMMELHOFF, *GmbH-Gesetz,* 15.ª ed., Köln, 2000, pág. 758.

[34] Nos já citados e transcritos artigos L 223-42 e L 225-248, do *Code de Commerce,* cfr., nota 5.

[35] Assim, também, Welf MÜLLER, *Der Verlust der Hälfte*, cit., pág. 198.

ção do artigo 35.º às sociedades em processo de insolvência ou de recuperação da empresa, questão a que, em todo o caso, respondemos negativamente.

b) *Os deveres dos gerentes, administradores ou directores*

ba) O dever de convocar ou requerer a convocação de assembleia geral

Depois de apurarem, nos termos atrás descritos, a perda de metade do capital social, os gerentes devem "convocar de imediato a assembleia geral" e os administradores ou directores devem "requerer prontamente a convocação da mesma". O artigo 35.º, n.º 1, constitui uma das hipóteses de convocação da assembleia geral por determinação da lei – v. artigo 375.º, n.º 1 –, o que bem se compreende, já que a necessidade de dar a conhecer aos sócios a situação financeira da sociedade não permite deixar aquela convocação na dependência de uma apreciação da gerência, administração ou direcção.

Os membros da administração não terão aqui qualquer margem de apreciação[36], antes devendo convocar ou requerer a convocação

---

[36] Contudo, poderão surgir determinadas situações em que seria aconselhável a um membro da administração, agindo com "a diligência de um gestor criterioso e ordenado, no interesse da sociedade", não convocar, de imediato (ou não requerer prontamente a convocação) assembleia geral, sobretudo nas sociedades anónimas em que essa convocação poderia acarretar sempre a publicitação face a 3.os da situação de perda de metade do capital social. Figure-se, por exemplo, uma hipótese em que a administração da sociedade conduz uma negociação importante com um fornecedor ou com um grande cliente da sociedade, cuja conclusão poderá ser afectada se este(s) tomar(em) conhecimento da situação de perda de metade do capital social.

Embora nestas hipóteses, de acordo com a finalidade da norma – salvaguardar o interesse da sociedade na manutenção do respectivo equilíbrio patrimonial –, se justificasse o adiamento da convocatória da assembleia geral, este só com muita cautela poderá ser aceite, uma vez que o legislador – no artigo 35.º –

da assembleia geral logo que verifiquem estar perdida metade do capital social. Nas hipóteses mais comuns, a perda de metade do capital será apurada com a elaboração das contas do exercício – v. arts. 65.°, n.ºs 1 e 4 –, pelo que aquela obrigação se cumprirá, desde logo (e não poderá deixar de cumprir-se), com a convocação da assembleia geral anual pelo(s) gerente(s)[37] ou com o pedido de convocação daquela assembleia, dirigido ao presidente da assembleia geral pelo conselho de administração ou pela direcção – v. arts. 65.°, n.° 5, 248.°, n.° 3 e 376.°, n.° 2.

Convém relembrar que se mantém a obrigação de os membros da administração mencionarem a perda de metade do capital social no relatório de gestão, apesar de o artigo 35.° ter deixado de a prescrever expressamente. Tal prescrição, na verdade, mais não era do que uma simples concretização, para a hipótese de perda do capital social, da obrigação de os gerentes, administradores ou directores elaborarem um relatório de gestão que contenha uma *"exposição fiel e clara da evolução dos negócios da sociedade"*, e em particular da situação financeira desta – cfr. o art. 66.°.

---

estabeleceu, de forma expressa, que o interesse da sociedade reclama sempre a imediata convocação da assembleia. Consideramos assim que se mantém sempre o dever de imediata convocação da assembleia, pelo que o seu adiamento será sempre ilícito, podendo, contudo, um justo interesse de adiamento relevar no apuramento da culpa dos membros da administração, excluindo ou diminuindo a sua responsabilidade – cfr. arts. 72.°, n.° 1, e 799.°, n.° 2 e 487.°, n.° 2, do Código Civil.

[37] Embora com dúvidas, parece-nos que já não será necessária a convocação de uma assembleia geral nas sociedades por quotas não sujeitas a revisão legal em que todos os sócios sejam gerentes e todos eles assinem o relatório de gestão, as contas do exercício e a proposta de aplicação de lucros e de tratamento de perdas, tendo em conta que o artigo 263.°, n.° 2, as isenta de uma reunião para apreciação anual de contas. Ponto é que a informação e apreciação da situação de perda de metade do capital – que tem uma importância qualificada face à apreciação anual da situação da sociedade – decorra claramente do relatório de gestão, que deverá mencionar, de forma expressa e clara aquela situação, bem como as medidas que os sócios-gerentes pretendem ou não tomar para lhe fazer face.

E se a perda do capital social resultar de um balanço intercalar, qual o prazo em que deverá ser convocada a necessária assembleia geral? O legislador é claro, ao exigir que a assembleia geral seja convocada de imediato pela gerência (art. 248, n.º 3) ou que a respectiva convocação seja prontamente requerida pelo conselho de administração (art. 406.º, c)) ou pela direcção (art. 431.º, n.º 3), com o objectivo de que a assembleia se reúna logo que possível, de modo a que os sócios venham a conhecer rapidamente a situação da sociedade. Com base num argumento histórico relativo ao prazo previsto na versão original do artigo 35.º, n.º 2, e ainda num argumento sistemático que releva o prazo máximo previsto no artigo 375.º, n.º 4, para a realização da assembleia geral convocada a requerimento dos accionistas, entendemos que a gerência deverá convocar e o conselho de administração e a direcção deverão requerer a convocação da assembleia geral, de modo a que esta reúna nos 60 dias seguintes à realização daquele balanço[38].

Se a assembleia geral não for convocada ou não for requerida a respectiva convocação para os 60 dias seguintes à realização do balanço intercalar que comprova a situação de perda do capital social, os gerentes, directores ou administradores terão incumprido o seu dever.

A convocação da assembleia será efectuada pelo presidente da assembleia geral nas sociedades anónimas (art. 377.º, n.º 1) e por um gerente nas sociedades por quotas (art. 248.º, n.º 3). Estes deverão ter em conta que o artigo 35.º, n.º 3, exige que do aviso convocatório constem, pelo menos, os seguintes assuntos: dissolução da sociedade; redução do capital social para montante não inferior ao capital próprio da sociedade; realização de entradas dos sócios para

---

[38] Para certas hipóteses, em que não seja possível convocar a assembleia geral dentro do referido prazo, por exemplo, porque há sócios que estão impedidos de nela participar ou porque face ao contrato de sociedade, será necessário convocar os accionistas, através de carta registada, e utilizando ainda um argumento histórico que atende ao prazo previsto na anterior versão do artigo 35.º, poderá o prazo para a realização da assembleia estender-se até aos 90 dias.

reforço da cobertura do capital. Compreende-se esta exigência, dado que só assim os sócios poderiam deliberar validamente sobre alguma das referidas medidas, que o legislador aponta de forma simplesmente exemplificativa.

Embora a lei não o diga, parece que o aviso convocatório deverá mencionar expressamente a situação de perda de metade do capital. Na verdade, se a assembleia geral se destina a prestar essa informação aos sócios, para que estes tomem as medidas julgadas convenientes, é de exigir que estes tenham a possibilidade de conhecer aquela situação através da leitura do aviso convocatório, para melhor formarem a vontade de estarem ou não presentes na assembleia. Além do mais, o conhecimento da situação patrimonial da sociedade poderá motivar um ou vários accionistas a incluir outros assuntos na ordem do dia, como, por exemplo, uma proposta concreta com um plano de saneamento financeiro da sociedade ou simplesmente uma moção de desconfiança aos membros da administração que permitiram a erosão dos capitais próprios da sociedade – cfr. art. 378.º, n.º 1. Não temos dúvidas em fazer prevalecer este interesse dos sócios, que aliás constitui o reflexo de um outro interesse (central no art. 35.º) da própria sociedade em equilibrar as suas finanças, sobre um eventual interesse da sociedade anónima em evitar os danos que a publicitação – cfr. arts. 377.º, n.º 2 e 167.º, n.º 2 – da sua desequilibrada situação patrimonial sempre poderá acarretar.

bb) O dever de informar aos sócios, em assembleia geral, a situação de perda do capital social, a fim de "estes tomarem as medidas julgadas convenientes"

Na assembleia geral de que temos vindo a falar, os gerentes, administradores ou directores deverão usar a palavra para informar os sócios que o capital próprio da sociedade se tornou inferior a metade da cifra do capital social. Será normal que os membros da administração expliquem como é que a sociedade atingiu um tal desequilíbrio financeiro e até que aludam às perspectivas futuras da sociedade.

Depois de prestada esta informação, os membros da administração poderão realizar uma proposta concreta com vista à superação da perda de capital. Mas, se não pretenderem realizar qualquer proposta, deixarão à consideração dos sócios, eventualmente explicando-as, as medidas que estes podem adoptar.

E é aqui que a versão mais recente do artigo 35.° contém uma das alterações mais significativas. Nas anteriores versões, o legislador exigia uma postura pró-activa da parte dos membros da administração, impondo-lhes um dever de agir, de propor medidas concretas para fazer face à perda de capital. Agora, os gerentes, administradores ou directores não têm qualquer dever de efectuar propostas aos sócios, cumprindo a sua obrigação com a convocação da assembleia geral e a informação dos sócios, podendo esperar que sejam estes a apresentar propostas concretas para a superação do desequilíbrio financeiro da sociedade. Na actual versão do artigo 35.°, os sócios ressurgirão como os verdadeiros donos e senhores da sociedade, cabendo-lhes propor e aprovar as medidas julgadas convenientes para fazer face à perda do capital.

c) *As medidas a adoptar pelos sócios*

Os sócios devem decidir se e como reagem à situação de perda do capital social. Cabe aos sócios decidir, antes de mais, se reagem ou não à situação de perda de metade do capital, isto é, se tomam alguma medida ou se pura e simplesmente optam por manter aquela situação de desequilíbrio patrimonial, sabendo que a sociedade enfrentará as consequências da respectiva publicitação. Além de decidirem se reagem, os sócios decidirão também como reagem à situação de perda de metade do capital social, optando pela medida que julguem mais adequada.

Trata-se aqui de uma distinção de cariz essencialmente analítico – na prática das assembleias gerais as duas decisões andarão misturadas –, mas que permite trazer luz às opções com que os sócios serão confrontados na assembleia geral.

Uma autêntica liberdade dos sócios quanto ao "se" da tomada de medidas para enfrentar a perda de metade do capital só existirá na versão mais recente do artigo 35.º. Na verdade, as anteriores versões da norma atribuíam tais consequências jurídicas à manutenção da situação de perda do capital (representaria uma possível sentença de morte ou melhor de dissolução da sociedade), que só por incúria, incapacidade ou para satisfação de interesses menos próprios, os sócios optariam pela manutenção daquela situação.

A opção do(s) sócio(s) pela não reacção à situação de perda do capital social pode resultar, directamente, de uma decisão dos sócios, que propõem e/ou aprovam uma deliberação neste sentido; ou, uma vez que, na vida das sociedades como na vida das pessoas, o "se" muitas vezes depende do "como", a manutenção da situação de perda do capital poderá resultar também de um simples desacordo dos sócios quanto às medidas a aprovar (v.g. porque alguns sócios preferiam a redução do capital, ao passo que outros defendiam a realização de entradas por todos os sócios), que impede a formação do quórum necessário à aprovação de qualquer uma das deliberações propostas. Neste caso, os sócios acabarão por decidir, ainda que indirectamente, que não tomarão quaisquer medidas para fazer face à situação de perda do capital social.

Como vimos, na sua versão mais recente, o artigo 35.º é muito menos incisivo, prevendo que os sócios tomem as medidas julgadas convenientes e limitando-se a indicar exemplificativamente, três vias possíveis a seguir. Passemos a analisar essas medidas.

ca) A realização de entradas para reforço da cobertura do capital

A opção mais vantajosa é a realização de entradas que recapitalizem a sociedade, isto pressupondo que os sócios possuem o necessário cabedal financeiro. Mais vantajosa, desde logo, porque assim se afasta a dissolução da sociedade, o que só não representa uma vantajem para os sócios se o seu projecto empresarial estiver irremediavelmente condenado ao fracasso. Por outro lado, porque a reposição do equilíbrio financeiro é realizada com a entrada de novos fundos para a sociedade (o que já não sucede na redução do capital social), que irão aumentar o património social, verdadeira garantia dos credores. Por último, porque se trata de uma opção flexível e célere que não carece das formalidades necessárias à alteração do contrato de sociedade. Uma desvantagem desta opção é o facto de exigir um desembolso patrimonial aos sócios que não terá qualquer contrapartida num reforço dos respectivos direitos corporativos, o que implicará sempre conflitos de interesse entre sócios que contribuem e sócios que não contribuem para o reforço da cobertura do capital, sendo certo que estes últimos beneficiarão tanto como os outros do reequilíbrio financeiro da sociedade.

A deliberação que aprove a realização de entradas para reforço do capital social pode ser aprovada por maioria simples, não sendo necessária a sua aprovação por unanimidade ou sequer pela maioria qualificada prevista no artigo 386.º, n.º 3. A responsabilidade limitada dos sócios e o princípio enunciado no art. 86.º, n.º 2, levar-nos-iam, num primeiro momento, a exigir a aprovação daquela deliberação por unanimidade, de modo a não impor aos sócios prestações com que estes não poderiam legitimamente contar. Porém, a verdade é que o princípio de que a sociedade não pode aumentar unilateralmente as prestações acordadas pelos sócios no contrato fica salvaguardado, se entendermos que a deliberação aprovada por maioria simples obriga apenas os sócios que a votarem favoravelmente.

Encontrando um ponto de apoio no art. 244.º, n.º 2, relativo à obrigação de realização de suprimentos, diremos que também aqui a obrigação de realização de entradas será aprovada e constituída por deliberação dos sócios votada por aqueles que a assumam. Só ficarão assim obrigados a realizar entradas, os sócios que votem favoravelmente a deliberação[39], e esta terá, desde logo, o efeito de

---

[39] Como nota Miguel PUPO CORREIA, *Direito Comercial – Direito da Empresa,* cit., pág. 207, n. 284, esta liberdade dos sócios resulta claramente

vincular a sociedade a aceitar estas contribuições, espelhando a posição reforçada que os sócios assumem na assembleia geral de apreciação da perda de capital.

É importante salientar que as entradas previstas no artigo 35.º, n.º 3, alínea c), constituem um tipo particular de entradas[40], distinto das entradas realizadas no momento da constituição da sociedade ou num aumento de capital subsequente. Na verdade, as entradas de que ora falamos visam apenas reforçar os capitais próprios da sociedade, não tendo como contrapartida a aquisição de quotas ou acções. Trata-se assim de verdadeiras entradas a fundo perdido para o património da sociedade[41]. Uma vez que não alteram o feixe de direitos corporativos dos sócios, as entradas não têm de ser proporcioniais às partes sociais que estes detêm e será até natural que não o sejam, dado que os sócios que gozam da maioria de controle da sociedade terão maior empenho no salvamento do seu projecto

---

da parte final do corpo do art. 35.º, n.º 1. O que não impedirá que um sócio que tenha votado contra ou se tenha abstido venha, mais tarde, de modo espontâneo e livre, a contribuir com fundos que reforçem o capital.

[40] Miguel PUPO CORREIA, *Direito Comercial – Direito da Empresa,* 9.ª ed., (com a colaboração de O.C. Paulo e A.C. Tomás), Lisboa 2005, pág. 206, n. 284, afirma que estas entradas constituem uma hipótese de "contribuições espontâneas" dos sócios para o património social. Paulo de Tarso DOMINGUES, *Garantias de consistência do capital social,* cit., pág. 539, fala de "contribuições voluntárias dos sócios (...) efectuadas a fundo perdido". Distinguindo já estas entradas das realizadas para um aumento de capital, Luís BRITO CORREIA, *Direito Comercial,* vol. II, cit., pág. 352, Raúl VENTURA, *Alterações do contrato de sociedade, Comentário ao Código das Sociedades Comerciais,* 2.ª ed., Coimbra, 1988, pág. 104 ("A reintegração assim entendida não constitui uma alteração do contrato social").

[41] V. Paulo de Tarso DOMINGUES, *Garantias de consistência do capital social,* cit., pág. 539. Como nota este A., estas entradas não constituem liberalidades, tendo em conta o interesse dos sócios que as efectuam em salvar o seu projecto empresarial, o que pode ser relevante para a respectiva admissibilidade nas sociedades em relações de grupo, face ao teor do art. 6.º, n.º 1. A este propósito, v. Miguel PUPO CORREIA, *Direito Comercial – Direito da Empresa,* cit., pág. 207, n. 284.

empresarial e, consequentemente, maior disponibilidade para realizar entradas.

É óbvio que na proposta a apresentar à assembleia geral, os sócios poderão sempre optar pelo critério da proporcionalidade; ponto é que a proposta seja aprovada por todos os sócios. Poderão surgir deliberações omissas a respeito do critério de definição do montante de entradas a realizar por cada sócio, e que venham a exigir a respectiva integração, de acordo com os critérios previstos no art. 239.º do Código Civil. A deliberação poderá ser integrada recorrendo à aplicação, por analogia, do artigo 210.º, n.º 4. De acordo com esta norma, faltando no contrato de sociedade o critério de repartição das prestações suplementares entre os sócios a elas obrigados – e relembremos que também aqui nos estamos a referir à repartição das entradas apenas pelos sócios a elas obrigados –, deverá a obrigação de cada sócio ser proporcional à sua quota de capital.

Tratando-se de um tipo especial de entradas, o respectivo regime carecerá de algumas acomodações face ao regime geral da obrigação de entrada. Não haverá dúvidas de que poderão ser realizadas entradas em dinheiro ou em espécie, sendo necessário apenas que sejam patrimonialmente avaliáveis. Tratando-se de entradas em espécie, e embora a lei nada diga a esse respeito, parece que se devem sujeitar à verificação e avaliação de um Revisor Oficial de Contas, a quem cabe a elaboração do respectivo relatório – cfr. art. 28.º. Embora a correcta avaliação do bem não proteja aqui um interesse relevante dos restantes sócios, uma vez que as entradas não alteram as posições dos sócios, tutela certamente um interesse relevante dos credores sociais quanto ao carácter efectivo e não meramente fictício do reforço dos capitais próprios da sociedade[42].

---

[42] Com uma solução distinta no ordenamento jurídico espanhol, excluindo a aplicação analógica do art. 38.º da *Ley de Sociedades Anonimas* a esta hipótese – norma que prevê a avaliação das entradas em espécie –, e deixando ao critério dos sócios ou à diligência dos administradores, a intervenção de um perito para avaliar as entradas em espécie, v. Sanchez GARCÍA, *Las aportaciones patrimoniales a la Sociedad Anónima*, Valencia, 1999, pág. 222.

A propósito das entradas em espécie, cabe referir a conversão em capital de créditos dos sócios face à sociedade. Normalmente, estes créditos serão suprimentos que resultam de empréstimos ou do diferimento de créditos dos sócios sobre a sociedade, contabilizados, ainda que numa perspectiva meramente formal, como capital alheio da sociedade. Nesta hipótese, estaremos perante uma verdadeira remissão de dívida (art. 863.º, n.º 1, do C. Civil) que, tendo como efeito liberar a sociedade da obrigação de reembolsar os suprimentos, permite a conversão destes em capital próprio da sociedade. Face à subcapitalização formal ou nominal de muitas sociedades por quotas, em cujo financiamento os suprimentos desempenham papel relevante, este será certamente um dos meios mais frequentes para repor o equilíbrio entre o capital próprio e o capital social da sociedade[43].

Coloca-se-nos, também, a questão do momento em que as entradas se tornam exigíveis, pois já sabemos que a obrigação de realização de entradas se forma com a votação favorável da respectiva deliberação. Se a deliberação nada indicar a respeito do diferimento das entradas, estas serão exigíveis a partir do momento em que a gerência ou a administração interpelar os sócios para a respectiva realização, entrando estes em mora a partir deste momento. Respondemos positivamente à questão da possibilidade de diferir a realização destas entradas, diferimento este que nunca poderá exceder o limite máximo de 5 anos legalmente previsto para a obrigação de entrada na constituição da sociedade – cfr. arts. 203.º, n.º 1 e 285.º, n.º 1. Na verdade, com a constituição da obrigação de entrada forma-se logo um crédito da sociedade sobre

---

[43] Referindo esta hipótese, entre nós, v. Miguel PUPO CORREIA, *Direito Comercial – Direito da Empresa*, cit., pág. 207, n. 284. Em França, referindo a hipótese da conversão em capital das *"comptes-courants d'associés"*, v. Sabine *Dana-Démaret, Le Capital Social*, Paris, 1989, pág. 309. Como refere esta A., normalmente, o sócio-credor optará pela conversão de créditos em capital social, através da realização de um aumento de capital que lhe permitirá adquirir quotas ou acções.

o sócio, crédito este que irá engrossar o património e os capitais próprios da sociedade, permitindo sanar a situação de perda de metade do capital social.

Os sócios que não cumpram esta obrigação de entrada não poderão ser expulsos da sociedade, uma vez que, diferentemente do que sucede no regime geral desta obrigação – cfr. os arts. 204.° e 285.°, n.° 4 –, aqueles não adquirem quaisquer quotas ou acções como contrapartida das entradas que efectuam, não podendo ser sancionados com a perda de algo que não adquirem. Em caso de incumprimento definitivo, o sócio será responsável face à sociedade, devendo pagar uma indemnização correspondente ao valor da entrada em falta, acrescido dos prejuízos que a sua não realização tempestiva possa ter causado ao grémio social. O direito da sociedade a exigir o pagamento das entradas ou em via substitutiva o pagamento de uma indemnização poderá ser exercido pelos credores sociais, nos termos previstos no art. 30.°, n.°, 1, a).

Quanto ao montante do reforço do capital, caberá aos sócios decidi-lo livremente, uma vez que desapareceu a exigência, formulada nas anteriores versões do art. 35.°, de manter pelo menos em dois terços a cobertura do capital social. Os sócios poderão realizar entradas de valor idêntico às perdas acumuladas, repondo totalmente o capital social; poderão realizar entradas que compensem apenas o valor das perdas que excederam metade do capital social, repondo apenas este valor; poderão até realizar entradas de valor superior às perdas verificadas, constituindo uma reserva com esse excesso; e poderão mesmo, relembremo-lo, realizar entradas de valor inferior às perdas acumuladas, mantendo os capitais próprios da sociedade inferiores a metade do capital social.

Um dos meios de superação da situação de perda de metade do capital social é a realização de prestações suplementares que, sendo contabilizáveis como capital próprio, permitirão repor o equilíbrio financeiro da sociedade. E será até, um dos meios mais convenientes, ao diminuir, de alguma forma, o conflito de interesses patente entre os sócios que se empenham em recapitalizar a sociedade e os outros que se limitam a beneficiar deste facto. Na verdade,

se a sociedade vier a sentir ventos de bonança financeira, as prestações suplementares poderão vir a ser restituídas integralmente aos
sócios que as realizam – cfr. art. 213.°, n.° 1 –, o que já não sucede
com as entradas a fundo perdido.

Não haverá dúvidas de que os sócios poderão recorrer à realização de prestações suplementares, nas sociedades cujo contrato o
preveja, hipótese esta em que, salvo cláusula contrária do contrato,
a aprovação da respectiva deliberação viculará todos os sócios à sua
realização – v. art. 210.°, n.° 4. Mas, embora a lei não o preveja,
também não nos parece que impeça a realização de prestações suplementares com base em deliberação tomada pelos sócios, desde
que esta obrigue apenas os sócios que a votarem favoravelmente.
Na verdade, a lei prevê expressamente esta possibilidade para o contrato de suprimento, no art. 244.°, n.° 2, e não vemos porque não
a admitir para a realização de prestações suplementares.

Sendo certo que a recapitalização das sociedades por quotas
poderá ser efectuada através de prestações suplementares – art.
210.° –, já poderão surgir dúvidas em relação a idêntica possibilidade nas sociedades anónimas, nas quais o legislador não prevê esta
figura, mas apenas as prestações acessórias. Ainda assim, parece-
-nos que os sócios poderão realizar prestações acessórias pecuniá-
rias, indicando na deliberação, que estas se sujeitam ao regime das
prestações suplementares, em particular no que toca à respectiva
restituição.

Já dissemos que quando não houver acordo de todos os sócios
quanto à realização de entradas, surgirão certamente conflitos de
interesses entre os sócios que fornecem fundos à sociedade e os
outros sócios, que não fornecendo qualquer bem podem vir a beneficiar com a maior generosidade ou empenho dos restantes. Será,
por isso, natural que os sócios que realizam as entradas pretendam
obter algum benefício como contrapartida deste seu maior empenho,
o que, contudo, se antevê difícil.

Desde logo, não será possível criar um direito especial dos
sócios, já que este, como é sabido, só pode ser criado por estipula-
ção no contrato de sociedade – art. 24.°, n.° 1. Alguns sócios serão

tentados a garantir a recuperabilidade das entradas, realizando-as sob a condição de estas lhes serem reembolsadas logo que a sociedade tenha maior "folga" patrimonial. Nada impede esse procedimento, sendo certo, contudo, que não permitirá lograr o desejado reequilíbrio patrimonial. De facto, o incremento do património social com a entrada dos fundos será contrabalançado com idêntico aumento do passivo, ainda que se trate de passivo a longo prazo, uma vez que as referidas entradas serão sempre devidas pela sociedade, mesmo que sob a condição de esta encontrar melhor fortuna financeira.

Tudo visto, e à falta de uma melhor solução que a fértil imaginação dos advogados das empresas certamente se encarregará de encontrar, parece-nos que a realização de prestações suplementares acabará por ser a solução que melhor satisfará o interesse dos sócios que contribuem para o reforço do capital social.

cb) A redução do capital social

Uma das medidas previstas no artigo 35.º, n.º 1, é a redução do capital social para montante não inferior ao capital próprio da sociedade. Trata-se aqui de uma hipótese de redução por perdas, que não é tão melindrosa para os credores sociais como as hipóteses de redução do capital exuberante, já que estas últimas conduzem à libertação de fundos patrimoniais que se encontravam sujeitos à intangibilidade do capital social. Na verdade, na nossa hipótese, há apenas uma redução nominal do capital, que visando adequá-lo à situação líquida da sociedade, não altera o património social. Já a redução do capital exuberante constitui uma redução efectiva do capital que, ao permitir a distribuição dos fundos patrimoniais que deixem de ser necessários à cobertura do novo capital, poderá conduzir a alterações do património social.

A redução do capital apresenta algumas desvantagens em relação à realização de entradas: desde logo, a morosidade e formalidade maiores, uma vez que implica uma alteração do contrato de sociedade que terá de ser consignada em escritura pública. Além disso, a redução não aumenta os fundos próprios nem o património da sociedade e, nessa medida, também não aumenta a garantia dos credores nem contribui de modo directo para o financiamento da actividade social. Em bom rigor, a redução só protege os credores sociais na medida em que tutela as expectativas destes de negociar com uma sociedade cujo capital próprio corresponde ao capital social ou, pelo menos, a mais de metade deste. Poderíamos dizer com dois autores franceses[44], que a redução se limita a realizar uma obra de higiene ou de salubridade nas finanças sociais.

Num momento posterior, a redução poderá representar uma vantagem para os sócios e uma correspondente desvantagem para os credores. Na verdade, uma vez diminuída a cifra do capital social, os sócios poderão distribuir lucros mais facilmente, já que estes não serão destinados à compensação de perdas necessária à conservação do capital social. Por seu lado, os credores poderão assistir à distribuição de bens aos sócios que, não fora a redução do capital, seriam utilizados para compensar perdas e repor a cobertura do capital social.

A deliberação deverá mencionar a finalidade da redução, pelo menos, a finalidade imediata – cobertura de perdas – (podendo ainda mencionar a finalidade mediata – a reposição do equilíbrio entre o capital próprio e o capital social da sociedade), bem como a forma da redução, mencionando se será reduzido em termos proporcionais o valor nominal das participações, o que sucederá com maior frequência, ou se haverá lugar a um reagrupamento ou extinção das participações – v. art. 94.º. A deliberação deverá ainda mencionar o montante da redução de capital e o valor da nova cifra do capital social.

Tratando-se de uma alteração do contrato, a deliberação de redução deverá ser aprovada através das maiorias qualificadas de três quartos dos votos correspondentes ao capital social, nas sociedades por quotas (cfr. art. 265.º, n.º 1), e de dois terços dos votos

---

[44] M. de JUGLART/B. IPPOLITO, *Traité de droit commercial*, 2.º vol., *Les Sociétés*, n.º 816.

emitidos, nas sociedades anónimas (cfr. art. 386.°, n.° 3). Deverá ainda ser consignada em escritura pública (art. 85.°, n.° 3), inscrita no registo comercial (art. 3.°, r), do C.Reg.Com.) e publicitada, em sítio da internet de acesso público e através de extracto publicado num jornal da localidade da sede da sociedade (arts. 167.°, e 70.°, do C. Reg. Com.).

O artigo 35.°, n.° 3, alínea b), não exige que a redução corresponda às perdas sociais[45], prevendo apenas que os sócios deliberem sobre a "redução do capital social para montante não inferior ao capital próprio da sociedade". A um primeiro olhar, esta previsão surpreende, uma vez que o objectivo mediato da redução, o reequilíbrio entre o capital próprio e o capital social da sociedade, faria pensar que o legislador teria querido dizer que os sócios deliberarão sobre a "redução do capital social para montante não superior ao capital próprio da sociedade".

Mas não, o legislador quis impedir e bem, que os sócios pudessem aproveitar a ocasião para realizar uma redução efectiva do capital – o que sucederia se o capital social descesse abaixo do capital próprio, isto é, das perdas acumuladas –, sem as exigências a que esta modalidade de redução está submetida, mormente a necessária autorização judicial – cfr. art. 95.°, n.os 1 e 3[46].

Ainda assim, não deixamos de colocar a questão: o objectivo de reequilibrar o capital próprio e o capital social não exigiria a previsão de um limite mínimo de redução, por exemplo, um terço do capital social, para nos socorrermos historicamente[47] das anteriores versões da lei que exigiam a manutenção da cobertura do capital em

---

[45] Exigência feita pelo legislador italiano – v. art. 2446.° do *Codice Civile*.

[46] Nada impede, contudo, que os sócios, juntamente com a redução por perdas, deliberem uma redução do capital exuberante (v.g. porque, inicialmente, dotaram a sociedade de um capital desproporcionalmente excessivo face às reais necessidades de capital da sociedade), desde que obtenham a necessária autorização judicial. Cfr. Paulo de Tarso DOMINGUES, *Garantias de consistência do capital social*, cit., pág. 535.

[47] E, em termos de direito comparado, do art. 2446.° do Codice Civile.

dois terços, na hipótese de realização de entradas[48]? Será adequado o resultado, admitido pelo art. 35.°, de redução do capital social em 10%, no limite em 1%, só para evitar que os credores tenham fácil acesso à situação patrimonial da sociedade?

Embora não sejamos favoráveis a uma regulamentação exaustiva do financiamento das sociedades e reconheçamos que os credores poderão ter um legítimo interesse em evitar reduções excessivas do capital social, que diminuam além do desejável a cifra de retenção dos bens na sociedade, não deixaremos de reconhecer, também, um interesse contraditório dos próprios credores e das sociedades em evitar situações em que estas revelem – ou melhor, ocultem (!) – um grande desequilíbrio patrimonial. Deixamos, por isso, a dúvida em forma de questão: não seria solução mais adequada a previsão de um limite mínimo para a redução do capital social?

Por força da deliberação de redução, o capital social poderá descer abaixo do mínimo legalmente previsto, mas a respectiva deliberação ficará condicionada à realização de um aumento de capital para montante igual ou superior àquele valor mínimo, nos 60 dias seguintes à deliberação de redução ou à transformação da sociedade num tipo de sociedade que possa ter um capital daquele valor – v. art. 96.°, n.° 1. Esta última hipótese surgirá nas sociedades anónimas, cujos capitais próprios se situem entre os 50 000 e os 5 000 €, podendo os sócios, simultâneamente com a deliberação de redução, deliberar a transformação em sociedade por quotas.

Um problema que poderá surgir é o impedimento da aprovação desta deliberação por uma minoria de bloqueio. Na verdade, poderá suceder, por exemplo, que um sócio detentor de uma quota corres-

---

[48] Face à anterior versão do art. 35.°, Paulo Olavo CUNHA, em artigo publicado no Diário Económico, de 23 de Abril de 2003, defendia esta solução, com base numa interpretação sistemática do preceito. Este argumento sistemático não procede face à actual redacção da norma, que já não prevê um limite mínimo para a realização de entradas.

pondente a um quarto do capital social ou um accionista detentor de acções correspondentes a um terço do capital social (ou até menos, uma vez que nestas sociedades só contam os votos emitidos) impeçam, com os seus votos, a aprovação de uma deliberação de redução de capital – cfr. art. 265.º, n.º 1.

Face às consequências que tal atitude terá na imagem e crédito da sociedade, que terá de publicitar a situação de desequilíbrio patrimonial, consideramos que se tratará de atitude lesiva do interesse social, qualificável como um abuso de minoria e sujeita às respectivas consequências jurídicas. Além de o referido sócio ou accionista poder incorrer em responsabilidade face à sociedade, os accionistas maioritários, invocando o abuso do direito de voto (art. 334.º C. Civil), poderão pedir a declaração de nulidade dos votos do accionista minoritário, e a consequente declaração judicial de aprovação da deliberação de redução do capital social. Já nas sociedades por quotas onde se contam todos os votos emissíveis, a declaração de nulidade dos votos não poderia ter como efeito a aprovação da deliberação de redução. Abre-se aí a possibilidade de recorrer à execução específica e, com base no art. 830.º, n.º 1, do Código Civil, a sociedade poderá obter uma sentença que produza os efeitos da declaração negocial do faltoso, isto é, a emissão dos votos do sócio minoritário, a favor da deliberação[49].

E, já agora, como proteger os credores sociais que, em momento posterior à redução, assistem à distribuição aos sócios de bens que seriam necessários à conservação do capital social na cifra original deste? Lançando mão do mecanismo previsto no art. 94.º, n.º 4, alínea c): nos 30 dias posteriores à publicação da deliberação, qualquer credor social poderá requerer ao tribunal que a distribuição de reservas ou lucros seja proibida ou limitada, durante um período a fixar, a não ser que a sociedade satisfaça ou dê adequadas garantias de satisfação dos respectivos créditos. A lei proíbe as distribui-

---

[49] Quanto às consequências do abuso de minoria, v. Coutinho de ABREU, *Abusos de minoria* in *Problemas do Direito das Sociedades*, Coimbra, 2002, págs. 69/70, que seguimos.

ções de fundos aos sócios durante o referido prazo de 30 dias e ainda logo que a sociedade tome conhecimento de algum requerimento de um credor no sentido referido – art. 94.º, n.º 4, d).

cc) A dissolução da sociedade

De acordo com o art. 35.º, n.º 3, a), uma das medidas que os sócios podem adoptar em assembleia geral é a dissolução da sociedade. Esta dissolução deverá ser deliberada pelos sócios – art. 141.º, n.º 1, b) –, por maioria de três quartos dos votos correspondentes ao capital social, nas sociedades por quotas – art. 270.º, n.º 1 –, ou por maioria de dois terços dos votos emitidos, nas sociedades anónimas – art. 386.º, n.º 3. Na redacção actual do art. 35.º, não parece haver dúvidas de que a perda de metade do capital deixou de constituir um fundamento legal para a dissolução da sociedade, pelo que não deverá ser aplicado o art. 142.º, n.º 3, que permitiria a dissolução da sociedade com fundamento na perda do capital, através de deliberação aprovada pela maioria absoluta dos votos expressos em assembleia. Esta alteração, ao dificultar a formação da maioria necessária à dissolução, acaba por favorecer a manutenção da sociedade em actividade.

A dissolução da sociedade será formalizada em escritura pública, a não ser que a acta da assembleia geral em que a deliberação foi tomada seja elaborada por notário ou pelo secretário da sociedade – art. 145.º, n.º 1. Deverá ainda ser inscrita no registo comercial, tendo os administradores ou liquidatários da sociedade a obrigação e os sócios a faculdade de requerer esta inscrição – art. 145.º, n.º 3 e art. 3.º, r), do Código do Registo Comercial. Por último, a dissolução será publicada em sítio da Internet de acesso público e num jornal da localidade da sede da sociedade – v. arts. 167.º e 70.º, do C. Reg. Com.

Cabe notar que se trata de uma dissolução livremente deliberada pelos sócios, e não de uma dissolução judicial a requerimento de sócio ou credor, como previa a primeira versão do art. 35.º, nem de uma causa de dissolução automática da sociedade, como previa a segunda versão do art. 35.º, em que um sócio ou credor poderia requerer a justificação notarial da dissolução da sociedade que durante dois exercícios consecutivos manifestasse a perda de metade do capital social.

cd) Outras medidas julgadas convenientes pelos sócios

Como resulta da parte final do corpo do art. 35.º, n.º 1, onde se lê que os sócios podem tomar "as medidas julgadas convenientes", não são apenas estas as vias ao dispor dos sócios para enfrentar a situação de perda de metade do capital social. Na verdade, os sócios podem tomar outras medidas e, desde logo, podem tomar medidas que conjuguem algumas das já referidas. Por exemplo, numa sociedade cujos sócios não disponham de cabedal financeiro suficiente para realizar entradas que reponham a cobertura de metade do capital, poderão essas entradas surgir combinadas com uma redução do capital. Neste caso, os sócios realizarão as entradas possíveis ou que julguem convenientes e, do mesmo passo, reduzirão o capital social para que este não supere o dobro dos capitais próprios.

Uma outra medida possível é o aumento de capital através de novas entradas que permitirão superar a desproporção relativa entre capital próprio e capital social. Com o aumento, as entradas reforçarão o património, o capital social e o capital próprio da sociedade, diminuindo em medida directamente proporcional ao volume do aumento, a diferença relativa entre capital próprio e capital social.

Esta via tem, contudo, um senão que, na prática, será decisivo: os sócios e, principalmente, os terceiros não estarão dispostos a pagar pelas quotas ou acções um valor – o seu valor nominal – superior ao valor real, que se apresenta diminuído na proporção das perdas acumuladas da sociedade.

Para superar este obstáculo, a prática jurídico-societária inventou um mecanismo: o sugestivamente denominado golpe do acordeon ("*coup d'accordeon*") ou, como já tenho visto entre nós, operação-harmónio[50], isto é, a redução do capital para compensar as perdas acumuladas, imediatamente seguida de um aumento com novas entradas. Trata-se de um mecanismo muito utilizado no saneamento financeiro de sociedades, especialmente, como meio de estimular sócios maioritários, credores sociais ou terceiros em geral a participar nesse esforço de saneamento, contribuindo com novas entradas para o reforço das finanças sociais[51].

Infelizmente, a operação-harmónio também pode ser e tem sido utilizada para satisfazer interesses menos lícitos de sócios maioritários que, abusivamente, pretendem diminuir ou até excluir – com o auxílio do art. 490.º –, a participação de sócios minoritários. Estes limitam-se a assistir a uma diminuição drástica da respectiva participação na sociedade, em consequência da redução do capital social, sem ter a capacidade ou interesse para acompanhar financeiramente o movimento ascendente do "accordeon", isto é, o aumento de capital. É, por isso, importante escutar a música do "accordeon" e ver se o sócio-músico, de forma abusiva, toca apenas as notas que lhe soam bem, em detrimento do "gosto musical" ou melhor dos interesses da sociedade que lhe fornece a pauta e dos restantes sócios-músicos.

Não teremos dúvidas, contudo, em afirmar, que na hipótese do art. 35.º, há um interesse objectivo dos sócios e da sociedade, em

---

[50] A doutrina alemã fala, a este propósito, de "Golpe de capital/*Kapitalschnitt*"; v., por exemplo, Karsten SCHMIDT, *Gesellschaftsrecht*, Köln, Berlin, Bonn, München, 1997, pág. 904.

[51] Na verdade, através desta operação, os sócios maioritários e os terceiros interessados em investir na sociedade, além de não pagarem pelas novas participações um valor superior ao valor real, não verão o seu esforço beneficiar os sócios que nada contribuem, uma vez que a participação destes na sociedade diminuirá – cfr. Paulo de Tarso DOMINGUES, *Garantias de consistência do capital social*, cit., pág. 543. Normalmente, aqueles terceiros exigirão que a redução abarque todas as perdas acumuladas, de forma a não suportarem as perdas que caberiam aos anteriores sócios e a não "contaminarem" o valor real das novas acções e optarão por realizar um aumento de capital para montante não muito elevado, de forma a garantir as expectativas de futuras distribuições de lucros – cfr. Karsten SCHMIDT, *Gesellschaftsrecht*, Köln, Berlin, Bonn, München, 1997, pág. 904. Ex:

promover o saneamento financeiro desta, dados os efeitos negativos que a manutenção da perda de capital terá no crédito e na imagem da sociedade. Em condições normais, não vemos nesta hipótese, qualquer abuso de direito na redução do capital subordinada a um aumento imediatamente posterior. Esta, aliás, parece ser a opinião da jurisprudência, já que o recente Acórdão da Relação do Porto, de 27 de Setembro de 2005, considerou lícito o recurso à operação--harmónio numa sociedade anónima, justamente com o objectivo de superar a situação de perda de metade do capital, sendo que *in casu*, essa operação teve como efeito a diminuição drástica da participação social de um sócio minoritário.

d) *A consequência da manutenção da situação de perda do capital social*

Como vimos, a actual versão do artigo 35.° adopta um regime informativo, em vez do regime reactivo constante das anteriores versões, que praticamente impunham a tomada de medidas pelos sócios, sob pena de dissolução da sociedade. No regime actual, a protecção dos credores sociais baseia-se no fácil acesso à informação sobre a situação financeira da sociedade.

Com efeito, de acordo com a nova versão do artigo 171.°, n.° 2, as sociedades deverão mencionar em todos os actos externos o capital próprio, sempre que este for igual ou inferior a metade do capital social. Esta menção passa a acrescer à indicação da firma, tipo, sede, conservatória do registo comercial onde se encontra matriculada e respectivo número de matrícula, número de identificação de pessoa colectiva e capital social da sociedade. Os credores sociais e o público em geral passam a dispor de um meio simples e (mais ou menos) eficaz de saber se contratam com uma sociedade cujo capital próprio é inferior a metade do capital social. Analisemos esta norma de protecção dos credores.

De acordo com os exemplos constantes do art. 171.°, n.° 1, a menção do capital próprio deverá constar de todos os contratos, correspondência, publicações e anúncios das sociedades, o que normalmente bastará para assegurar o conhecimento por terceiros. Ainda de acordo com a mesma norma, o capital próprio deverá constar "de um modo geral em toda a actividade externa da sociedade", expressão que, por falta de tempo, não nos atrevemos a interpretar, sob pena de termos de discutir se a ela se subsume a embalagem de um produto ou um veículo com a inscrição do nome da respectiva sociedade-proprietária.

O montante do capital próprio que deve ser mencionado nos actos externos é o constante do último balanço aprovado que, justamente evidenciou que aquele é igual ou inferior a metade do capital social e, convém lembrar, deve ser indicado de forma clara – v. art. 171.°, n.° 2.

Certamente que a imaginação da prática jurídico-societária se afadigará para encontrar formas de menção do capital próprio que tornem menos ostensiva a situação de desequilíbrio patrimonial da sociedade. Contudo, devemos avisar que a letra da lei não deixa grande espaço à imaginação: deverá ser indicado o montante do capital próprio (e não bastará a simples indicação das iniciais – "C.P."!), o que permitirá, aos credores, pelo menos aos mais atentos, perceber que a sociedade se encontra numa situação de desequilíbrio patrimonial.

A solução legal merece o nosso aplauso, mas temos dúvidas em reconhecer a sua eficácia. Basta abrir um jornal na secção dos classificados para perceber que muitas sociedades incumprem total ou parcialmente as obrigações de indicações em actos externos. E os advogados de empresas terão bem presente a letra miúdinha com que, nas folhas em que as empresas formalizam os seus contratos ou escrevem a sua correspondência, normalmente vêm impressas (quando vêm!) as menções exigidas pelo art. 171.°.

Para aumentar a eficácia do art. 171.° e "arrefecer" a vontade dos que pretenderão tornar aquela letra ainda mais "miúdinha" seria importante rever o art. 528.°, n.° 2, que prevê a aplicação de uma coima de apenas "50 000$00 a 300 000$00" à sociedade que omitir no todo ou em parte as menções obrigatórias nos actos externos.

Poderíamos ainda pensar em aplicar, nessa hipótese, o art. 519.°, n.° 1, que pune com pena de prisão até três meses e multa até 60 dias quem, estando obrigado a prestar a outrem informações sobre matéria da sociedade as der contrárias à verdade. A verdade, contudo, é que a obrigação prevista no art. 171.°, n.os 1 e 2, incide sobre as sociedades, pelo que a aplicação do art. 519.°, n.° 1, ao gerente, administrador ou director que determine a omissão ou menção enganosa do capital próprio nos actos externos ultrapassaria a interpretação extensiva da norma, significando uma analogia incriminatória, proibida, nos termos do art. 1.°, n.° 3, do Código Penal.

Por outro lado, a sociedade será responsável pelos danos que a falta de menção do capital próprio em actos externos vier a causar a terceiros. Ponto é que os terceiros provem o nexo de causalidade ou de ilicitude, isto é, que não teriam contratado com a sociedade se esta não tivesse ilicitamente omitido a menção externa do seu capital próprio (v.g. o capital próprio já era à época muito reduzido, evidenciando que a sociedade não conseguiria solver o crédito).

Esta responsabilidade, além de encontrar um ponto de apoio no art. 169.°, n.° 1, relativo à responsabilidade por discordâncias da publicidade com os actos praticados pela sociedade, fundar-se-á no art. 227.° do Código Civil, constituindo uma hipótese típica de responsabilidade pré-contratual. Na verdade, trata-se aqui de uma típica violação de deveres de informação – impostos pelo art. 171.° – na formação do contrato, que funda uma pretensão do terceiro a ser indemnizado pelo interesse contratual negativo, tendo a sociedade de o colocar na situação em que estaria se com ela não tivesse contratado.

Se a sociedade for obrigada a indemnizar o terceiro, podem os gerentes, administradores ou directores que determinaram culposamente a omissão do capital próprio nos actos externos, ser responsabilizados face à sociedade – art. 72.°, n.° 1. E, pelo mesmo motivo, aqueles poderão ser responsabilizados, em primeira linha, perante o terceiro credor, nos termos do art. 79.°, n.° 1.

CONTROLO DE CONTAS
E RESPONSABILIDADE DOS ROC

GABRIELA FIGUEIREDO DIAS

PRELIMINAR

O tema do "Controlo de contas e responsabilidade dos Revisores Oficiais de Contas" concita, num contexto mais alargado, a análise e discussão de uma vastíssima gama de assuntos e vertentes do problema: os modelos e a organização institucional das estruturas de fiscalização das sociedades, o papel desempenhado pelo ROC nessas estruturas, a independência do ROC e do auditor em relação ao capital accionista e aos órgãos de administração das sociedades[1], as dificuldades de acolhimento, no direito interno, das mais modernas soluções comunitárias em matéria de fiscalização das sociedades[2] – todas estas questões contêm aspectos altamente polémicos relacionados com o controlo das contas das sociedades e a responsabilidade civil dos ROC, os quais, de resto, têm vindo a ocupar um lugar de destaque no debate global dos modelos de *corporate governance*.

---

[1] Na data de conclusão deste escrito encontra-se em fase avançada de discussão pública uma proposta de alteração do Código das Sociedades Comerciais, da responsabilidade da CMVM, em articulação com o Ministério das Finanças e o Ministério da Administração Interna, com o objectivo de incluir no direito societário as melhores práticas de *corporate governance* internacionalmente reconhecidas. As alterações propostas, a serem consagradas, terão como consequência uma modificação profunda dos modelos de governo das sociedades anónimas, sobretudo no que toca à organização institucional dos órgãos de fiscalização, pelo que se espera que, a curto prazo, parte das críticas que aqui são expendidas percam a sua razão de ser.

[2] Nomeadamente quando se encontra eminente a publicação da Directiva comunitária sobre revisão e auditoria de contas das sociedades, que revê a 8.ª Directiva Societária (84/253/CEE do Conselho, de 10-04-1984) e que se encontra já em fase final de aprovação: cf. o Documento (COM) 2004/177.

Por uma questão de eficácia e de racionalidade, todavia, delimita-se aqui com precisão o âmbito da exposição, restringindo-a à questão essencial do tema proposto: a averiguação dos contornos da *responsabilidade civil do ROC em resultado do exercício da sua função nuclear* – de acordo com o respectivo regime legal[3], a *função de revisão, certificação legal e auditoria das contas das empresas*[4].

Não se desconhece que, historicamente, têm sido imputadas ao ROC, no contexto empresarial, funções adicionais, entre as quais, a função de detecção e revelação de situações de pré-falência e de fraudes[5]. Todavia, e de acordo com o já citado normativo do art. 40.° EROC, mesmo que se admita essa possibilidade, essas funções não cabem na esquadria das funções *legalmente* atribuídas ao ROC pelo seu estatuto profissional, recaindo sobre aquelas, em exclusivo, a presente indagação.

Uma tal tarefa pressupõe a determinação de princípio do conteúdo funcional da actividade profissional do ROC, de acordo com o respectivo enquadramento normativo, bem como dos interesses prosseguidos com o exercício dessa actividade e a sua razão de ser. Procurar-se-á, de seguida, determinar os pressupostos de responsabilização do ROC por determinados actos ou resultados danosos produzidos com o exercício das suas funções (ou por ocasião dele) na esfera do credor da prestação ou de terceiros, qualificando-se, em cada caso, a responsabilidade do ROC segundo as modalidades e regimes propostos pela dogmática da responsabilidade civil.

---

[3] Cf. o Decreto-Lei n.° 487/99, de 16 de Novembro, que instituiu o Estatuto da Ordem dos Revisores Oficiais de Contas (EROC).

[4] Art. 40.°, n.° 1 EROC.

[5] A detecção de fraudes foi, inclusivamente, internacionalmente considerada como um objectivo primário da auditoria até cerca de 1920: BRUNO ALMEIDA/ /DANIEL TABORDA, "A Fraude em Auditoria: Responsabilidade dos Auditores pela sua Detecção", *Revista dos Revisores Oficiais de Contas*, Ano 6, n.° 21, Abril/ /Junho 2003, p. 28-35.

I
O CONTROLO DE CONTAS DAS EMPRESAS PELO ROC

1. A figura do ROC nas sociedades comerciais

A intervenção dos revisores oficiais de contas (ROC) no controlo das contas de uma pluralidade de empresas, entidades e instituições para além das sociedades comerciais, por imposição legal ou judicial ou por decisão voluntária das próprias entidades objecto de controlo, é hoje uma realidade incontornável. De acordo com o regime legal que regula o acesso e exercício da profissão de ROC – o D.L. n.° 487.°/99, de 16-11 (Estatuto da Ordem dos Revisores Oficiais de Contas – EROC), a intervenção do ROC nas empresas e outras entidades resulta obrigatória sempre que se verifique uma das seguintes situações: (i) quando isso resulte de disposição legal, estatutária ou contratual; (ii) quando as entidades possuam, ou devam possuir, contabilidade organizada[6].

Para além da intervenção obrigatória do ROC nas sociedades anónimas, nos termos previstos nos arts. 278.°, n.° 1, 413.°, n.os 1 e 2 e 446.°, estes são hoje, por força da lei, chamados a desempenhar funções em outras entidades e instituições, entre as quais podemos destacar as empresas integradas no sector empresarial do Estado[7],

---

[6] Cf. o art. 42.°, n.° 1 EROC.

[7] D.L. n.° 26-A/96, de 27-03, o qual modificou a estrutura de fiscalização das empresas públicas, extinguindo o conselho fiscal e resumindo tal estrutura à figura do ROC (fiscal único).

158 *Controlo de Contas e Responsabilidade dos ROC*

as sociedades por quotas a partir de certa dimensão[8], os fundos de investimento mobiliário[9] e imobiliário[10], os fundos de pensões[11], as cooperativas a partir de certa dimensão, as sociedades anónimas desportivas, os institutos públicos autónomos, os serviços e organismos do Ministério da Educação e do Ministério da Saúde, etc.

É, contudo, no exclusivo contexto das sociedades comerciais que irão ser analisados o papel e a função do ROC, sendo embora certo que os mesmos princípios e regras se aplicam, em grande medida, à intervenção profissional do ROC nas restantes instituições.

1.1. *Enquadramento orgânico e institucional do ROC no contexto societário: o ROC nos órgãos (ou como órgão) da sociedade*

De acordo com o Código das Sociedades Comerciais, as sociedades anónimas têm necessariamente de incluir na sua estrutura de administração e fiscalização um *fiscal único* – o qual, de acordo com as disposições conjugadas dos arts. 278.º, n.º 1, al. a) e 413.º, n.º 1 do CSC, será obrigatoriamente um ROC ou uma SROC – ou um *conselho fiscal* (arts. 278.º, n.º 1, al. b) e 413.º, n.º 3), consoante optem pelo modelo clássico ou monista (conselho de administração e conselho fiscal[12]) ou pelo chamado modelo germânico

---

[8] Art. 262.º, n.º 2, do CSC.

[9] Cf, entre outros, os arts. 43.º e 67.º, n.º 2 do D.L. 252/2003, de 17-10 (OIC).

[10] Arts. 22.º, n.º 1, al. n) e 31.º, n.ºs 3 a 5 do D.L. n.º 60/2002, de 20-03, republicado pelo D.L. n.º 13/2005, de 07-01 (FII).

[11] Art. 56.º do D.L. 12/2006, de 20-01 (Fundos de Pensões).

[12] É inviável, neste lugar, a abordagem da controvérsia que envolve a solução legal consagrada no CSC quanto à obrigatoriedade de conselho fiscal, a respectiva composição e a eventual "captura" de que o mesmo é frequentemente alvo por parte do capital accionista, pondo em causa o carácter verdadeiramente independente da fiscalização exercida por este órgão sobre os órgãos de gestão e administração. Deixa-se, todavia, o alerta sobre esta questão, a res-

ou dualista[13], composto por direcção, conselho geral e revisor oficial de contas[14].

No cenário do modelo tradicional, o conselho fiscal integra obrigatoriamente um *revisor oficial de contas* ou uma *sociedade de revisores oficiais de contas* (art. 414.°, n.° 1, *in fine*), devendo sê-lo também o membro suplente e o fiscal único, quando for este o caso.

A sociedade anónima tem, por conseguinte, qualquer que seja o modelo de governo pelo qual haja optado, de fazer incluir na sua estrutura um ROC ou uma SROC[15].

No caso das sociedades por quotas, estas podem optar por integrar nos seus órgãos um conselho fiscal, sendo mandatória a inclusão de um ROC na sua estrutura de governo nos casos previstos no art. 262.°, n.° 2.

A designação do ROC para os órgãos de fiscalização da sociedade é feita pela assembleia geral (arts. 415.°, n.° 1 e 446.°, n.° 1

---

peito da qual se intuem, a curto prazo, desenvolvimentos sensíveis, sobretudo na sequência da publicação, a todo o momento esperada, da já mencionada directiva sobre revisão legal de contas, cuja Proposta pode ser consultada em http://europa.eu.int/eur-lex/de/com/pdf/2004/com2004_0177de01.pdf. Manifestando dúvidas sobre a capacidade e as vantagens da sobrevivência do conselho fiscal, nos moldes actuais, COUTINHO DE ABREU, Cap. III de *Governação das Sociedades* (inédito), p. 175, onde se ponderam duas hipóteses: a de acabar pura e simplesmente com este órgão ou a de o reorganizar, revitalizando-o.

[13] Pensado, segundo Nogueira Serens, para as grandes sociedades anónimas; *vide* NOGUEIRA SERENS, *Notas Sobre as Sociedades Anónimas*, Stvudia Ivuridica, Coimbra Editora, Coimbra, 1995, p. 33 ss.

[14] Cf. o art. 278.°, n.° 1 CSC.

[15] De acordo com a proposta de alteração do CSC que se encontra em discussão, o ROC deixará de integrar os órgãos de fiscalização da sociedade, a não ser no modelo latino simples (que corresponderá ao actual modelo monista), passando ele próprio a ser fiscalizado pelo conselho fiscal, no "modelo latino reforçado", pela comissão de auditoria, no modelo anglo-saxónico, ou pelo conselho geral, no modelo dualista. Passa, por conseguinte, a haver em todos os modelos um duplo grau de fiscalização: a fiscalização das contas pelo ROC e a fiscalização do ROC e da administração pelo órgão de fiscalização. As estruturas de fiscalização referidas no texto são, todavia, as estruturas reconhecidas pelo legislador na presente data.

CSC e art. 50.° EROC), respectivamente pelo prazo de 4 e de 3 anos, consoante se trate de eleição para integração do conselho fiscal ou para o exercício da função fiscalizadora no modelo germânico[16], sendo embora de natureza *contratual* a base das relações que posteriormente vêm a estabelecer-se entre a sociedade e o ROC (contrato de prestação de serviços: art. 50.°, n.° 7 e 53.°, n.° 1 EROC).

A propósito da designação do ROC para os órgãos da sociedade afigura-se necessário sublinhar dois aspectos desse acto, porventura controversos.

O acto de *designação* propriamente dito cabe à assembleia geral da sociedade. Note-se que, no que respeita aos administradores, a lei fala em *designação* pelo contrato de sociedade ou em *eleição* pela assembleia geral (art. 391.°, n.° 1 CSC). Em relação aos membros do conselho fiscal e ao fiscal único, o legislador volta a mencionar a *eleição* e a *designação* dos mesmos pela assembleia geral (arts. 415.°, n.° 1). Já em relação ao ROC fiscalizador no modelo dualista, apenas se refere um acto de *designação* (446.°, n.° 1, CSC).

Assim, no que ao órgão de fiscalização respeita, são legítimas algumas dúvidas quanto à exacta natureza do procedimento que conduz à atribuição de legitimidade ao ROC para exercer a fiscalização da sociedade, não obstante os contributos trazidos pelo art. 50.°, n.° 2 e 3 do EROC, que confere competência à mesa da assembleia geral para propor o revisor oficial de contas, caso os sócios o não façam. A norma alarga inclusivamente a competência para a designação do ROC à própria mesa da assembleia geral ou aos órgãos de administração no período de tempo compreendido entre duas assembleias-gerais, havendo, todavia, lugar à ratificação

---

[16] São ininteligíveis os motivos que possam ter determinado o legislador a estabelecer um "tecto" diferente para a duração do mandato do ROC consoante este exerça funções como membro do conselho fiscal ou como fiscal único, no contexto do modelo "Direcção/Conselho Geral/ROC". Inclinamo-nos para que tal discrepância resulte de lapso, o qual deve ser corrigido, harmonizando o prazo de duração máxima do mandato em todos os modelos de governo.

pela assembleia geral seguinte da designação levada a cabo em tais condições, sob pena de eventual resolução do contrato pelo ROC (art. 50.°, n.° 3, EROC)[17].

Podem, contudo, ser contempladas duas hipóteses, quanto ao concreto procedimento a adoptar na designação do fiscal único ou do conselho fiscal. Na primeira hipótese, faz-se incluir na ordem de trabalhos especificada na convocatória a designação dos membros do conselho fiscal ou do fiscal único, sendo proposto aos sócios, *v. g.*, por um grupo de sócios, pela administração ou pela própria mesa da assembleia geral, que *aprovem* a ocupação do cargo por determinadas pessoas ou por determinado ROC ou SROC, cujo nome lhes é proposto para aprovação. Na segunda hipótese, surge mais do que uma lista de nomes concorrentes ao cargo, cumprindo à assembleia geral, desta vez por meio de *eleição*, escolher, de entre os candidatos, o conselho fiscal ou o fiscal único que ocuparão o cargo.

O CSC é, efectivamente, muito vago no que respeita às formalidades a observar na designação dos membros do conselho fiscal ou do fiscal único pela assembleia geral da sociedade. Contudo, a matriz de legitimação dos membros do conselho fiscal ou do fiscal único para o exercício das suas funções na estrutura da sociedade anónima radica inequivocamente na sua prévia aceitação pela assembleia geral da sociedade, mediante uma deliberação de *designação* do ROC ou da SROC que nela irão desempenhar funções.

Uma eventual revisão dos modelos de governo das sociedades anónimas não deverá, todavia, deixar de apurar a matéria, definindo os procedimentos a observar na escolha dos membros dos órgãos de fiscalização.

---

[17] Note-se, todavia, que este regime é contraditório com o que vem disposto nos arts. 413.°, 415.° e 446.° do CSC sobre o assunto, a exigir uma intervenção urgente do legislador nesta matéria, de resto identificada já por PAULO CÂMARA, "A Actividade de Auditoria e a Fiscalização de Sociedades Cotadas – Definição de um Modelo de Supervisão", *Cadernos do Mercado de Valores Mobiliários*, n.° 16, Abril 2003, p. 95-96.

1.2. O contrato como fonte legitimadora do exercício de funções pelo ROC

Tal matriz não constitui, todavia, em relação ao ROC[18], fonte legitimadora bastante do exercício de funções no órgão ou como órgão de fiscalização da sociedade[19], já que, de acordo com a lei (art. 53.º EROC), essa legitimidade funcional depende também ainda e sobretudo de *contrato* a celebrar entre a sociedade e o ROC, segundo modelo aprovado pela Ordem dos ROC (art. 53.º, n.º 2), o qual obedecerá obrigatoriamente à forma escrita, sob pena de nulidade (arts. 53.º, n.º 1 EROC e 220.º C. Civil) não oponível, todavia, a terceiros de boa-fé (art. 53.º, n.º 3).

Trata-se, por conseguinte, de um contrato padronizado, que inclui necessariamente um corpo de cláusulas que versam sobre aspectos considerados pelo legislador como nucleares para a regulação das relações entre o ROC e a sociedade à qual prestará os seus serviços. Não sendo este o lugar apropriado para este tipo de considerações, deixa-se, todavia, levantado o véu sobre alguns aspectos que valeria a pena aprofundar, como o da natureza jurídica e da força jurídica destes "contrato-modelo" aprovados pela Ordem dos ROC e obrigatoriamente adoptados pelas partes. Parece incontestável a sujeição dos mesmos ao regime das cláusulas contratuais gerais ou contratos de adesão, para efeitos de aplicação do D.L. 446/85, de 25-10, nos termos do n.º 2 do art. 2.º.

---

[18] As sucessivas referências ao ROC devem ser entendidas como feitas em simultâneo ao ROC ou às SROC, se não houver indicação em contrário.

[19] Segundo COUTINHO DE ABREU, o ROC deve ser qualificado como *órgão* da sociedade: Cap. III de *Governação das Sociedades*, p. 168, nota (432); no mesmo sentido parece pronunciar-se PEREIRA DE ALMEIDA, "Estrutura organizatória das Sociedades", in *Problemas do Direito das Sociedades*, IDET, Coimbra, Almedina, 2002, p. 115. DE acordo com o art. 43.º do EROC, nas empresas em que exista um órgão de fiscalização a revisão legal das contas processa-se mediante a inclusão dos ROC nesse órgão ou, quando for o caso, pelo exercício das funções de fiscal único ou do órgão revisor legal de contas.

Já não é líquido que esse "contrato-padrão" consubstancie um "conteúdo mínimo obrigatório", a ser respeitado por todo e qualquer contrato individual, sem prejuízo da possibilidade de uma contratação em termos mais amplos, à semelhança do que sucede com as apólices uniformes no domínio dos seguros. É, ainda, controversa a legitimidade da Ordem dos Revisores Oficiais de Contas para assim restringir a liberdade contratual das partes.

A base contratual da relação (profissional) estabelecida pelo ROC com a sociedade suscita, pois, alguns comentários.

Do ponto de vista estritamente jurídico, há que destacar a opacidade do contrato em causa, no que respeita não só aos respectivos elementos constitutivos, como às condições de validade e eficácia do mesmo. Desde logo, muito embora o EROC qualifique claramente o contrato como instrumento de legitimação do ROC para o exercício das suas funções de revisão/auditoria às contas, o CSC não identifica o órgão a quem compete a celebração do mesmo, limitando-se a impor a designação do ROC pela assembleia geral.

O intérprete incauto poderia daqui retirar a ideia de que a atribuição de competências a um ROC, por parte da sociedade, dependeria tão-só de um acto jurídico unilateral – a deliberação societária de designação do ROC. Tal interpretação é inaceitável: o exercício daquelas funções tem forçosamente de resultar de um *encontro de vontades* (proposta e aceitação) entre a sociedade e o ROC, não bastando a *designação* como acto jurídico bastante para o investir nas suas funções; em última análise, e muito embora a *praxis* imponha, como dever de diligência, que o ROC cujo nome é submetido à aprovação da assembleia geral seja previamente consultado e auscultado, fazendo presumir a sua aceitação prévia do cargo, não é impossível que outra coisa suceda, isto é, que os sócios, a administração ou a mesa da assembleia geral proponham a designação de um ROC com o qual não foi preestabelecido um acordo. É, sobretudo, esta situação limite que importa prevenir, prescrevendo-se como obrigatório o assentimento expresso do ROC para o exercício das funções que lhe cabem no contexto orgânico societário.

Mas não é só: mesmo após acordo prévio entre a sociedade e o ROC, e posteriormente à designação pela assembleia geral, é fundamental estabelecer com o ROC negociações destinadas à determinação de aspectos concretos do contrato de prestação de serviços, como a duração do mandato e a remuneração; aspectos que, por si só, podem determinar no ROC a perda do interesse na prestação do serviço.

Ora, o contrato previsto no art. 53.º do EROC como condição do exercício das funções de revisão/auditoria funciona precisamente, parece-nos, como instrumento destinado a permitir o encontro de vontades necessário ao entendimento formal entre a sociedade e o ROC, que não prescinde da aceitação, pelo ROC, da proposta negocial em que se consubstancia a deliberação da assembleia geral. Aquela designação mais não é do que um pressuposto constitutivo do contrato que posteriormente virá a ser celebrado entre o ROC e a sociedade, e que corresponde precisamente à formação da vontade negocial do ente, ao decidir que será aquele, e não outro, o ROC ou a SROC a quem será proposto integrar os órgãos da sociedade. A deliberação da assembleia geral no sentido de designar um específico ROC, de acordo com a exigência legal, tem o sentido de investir o órgão de gestão na legitimidade bastante para celebrar o contrato de prestação de serviços referido no art. 53.º do EROC com o ROC, de que depende a sua investidura nos correspondentes direitos e deveres. Essa configuração do acto de *designação* resulta, de resto, mais evidente no EROC, onde claramente se distinguem os dois momentos – *designação* do ROC pela assembleia geral da sociedade (art. 50.º, n.º 1) e respectiva *contratação* (art. 53.º, n.º 1).

Mas há mais: entre a *designação* do ROC pela assembleia geral e a sua *contratação*, presume-se, pelos órgãos de gestão devidamente investidos na necessária competência para o acto pela prévia deliberação da assembleia geral, o legislador omite, no CSC como no EROC, qual destes órgãos (assembleia geral ou órgão de gestão) tem poderes para fixar o conteúdo concreto do contrato – *maxime*, pois é este o aspecto de maior relevância para efeitos de determinação do grau de *independência* do ROC, a quem cabe a fixação da remuneração do ROC.

Ora, a atribuição à assembleia geral de uma simples competência para a *designação* do ROC – pois que outra coisa se não encontra prevista na lei – determina que o conteúdo concreto do contrato seja objecto de negociação (porventura posterior à designação do ROC pela assembleia geral) entre o ROC e o órgão de administração, com o que se compromete de forma muito séria a independência do ROC em relação à administração e se cria um terreno muito propício à proliferação de situações de captura e conflito de interesses. Seria, pois, interessante, *de iure condendo*, pensar num mecanismo de formação do contrato que permitisse um maior controlo e transparência das vicissitudes do mesmo, ao menos por parte da assembleia geral, a cujo poder se encontram, afinal, subtraídos os aspectos funcionais do relacionamento da sociedade com o seu ROC[20]. A introdução de uma norma análoga à do art. 399.º CSC para os membros dos órgãos de fiscalização em geral seria, portanto, de suprema importância[21].

Quanto à duração do mandato, a lei contém actualmente uma incongruência. Relativamente ao ROC que integre os órgãos societários na qualidade de fiscal único ou de membro do conselho fiscal, presume-se, de acordo com o art. 415.º, que o contrato de sociedade

---

[20] Claramente contra a determinação dos honorários do ROC no contrato e, em geral, contra a amplitude dos poderes deixados à administração em matéria de negociação do contrato, COUTINHO DE ABREU, Cap. III de *Governação das Sociedades*, p. 179, nota (455).

[21] A concretizarem-se as alterações ao CSC propostas pela CMVM em articulado publicado em 8 de Fevereiro de 2006 (www.cmvm.pt), entre as quais se conta já a introdução de uma norma no CSC (art. 422.º-A, n.º 2) que prevê que a remuneração dos membros dos órgãos de fiscalização venha a ser fixada pela assembleia geral ou pela comissão de remunerações, não só fica ultrapassada a dificuldade referida, como é previsível que o contrato de prestação de serviços, que no regime actual constitui a base jurídica legitimadora do exercício de funções pelo ROC junto da sociedade, venha, a prazo, a perder importância, já que o mecanismo proposto permite assegurar de modo satisfatório a transparência do processo de fixação da remuneração. Nessas condições, o contrato passará a ter uma mera função de formalização do conteúdo da relação contratual, cujos termos essenciais passarão a ser definidos pelos sócios.

deve prever, à semelhança do que sucede com os administradores (art. 391.°, n.° 3 CSC), o período pelo qual deve ser eleito, o qual não poderá ser superior a *4 anos* (o período de duração máxima do mandato dos administradores). Já no modelo germânico, o ROC poderá ser "designado" por um período máximo de 3 anos (art. 446.°, n.° 3, CSC), cabendo à assembleia geral a fixação desse período e omitindo-se qualquer referência ao contrato de sociedade nesta matéria.

Esta desarticulação entre a duração máxima do mandato do ROC, consoante ele integre a sociedade na qualidade de membro do conselho fiscal/fiscal único, no modelo monista, ou enquanto revisor oficial de contas, no modelo dualista, parece ser fruto apenas de uma desatenção do legislador, recomendando-se uma harmonização dos prazos, por não se divisarem razões substanciais que justifiquem uma tal discrepância[22].

A configuração legal do contrato de prestação de serviços de que depende, nos termos do art. 53.° do EROC, o exercício de funções pelo ROC, é ainda opaca no que respeita ao valor jurídico do contrato. Cabe, nomeadamente, perguntar em que medida a ausência de celebração do contrato mencionado no art. 53.° EROC afecta (ou não) a validade e/ou a eficácia dos actos praticados pelo "ROC de facto", isto é, pelo ROC eventualmente designado pela assembleia geral mas não contratado nos termos e dentro do período legal. Daqui podem decorrer importantes efeitos em matéria de responsabilidade civil.

Importaria também determinar as consequências directas da ausência da celebração do contrato no prazo de 45 dias: na ausência de previsão legal dos efeitos da omissão de contrato naquele período, deverá entender-se que, decorrido esse prazo, fica sem efeito a designação feita pela assembleia geral e os poderes assim atribuídos ao órgão de gestão para contratar o ROC?

---

[22] A proposta de alteração do CSC prevê já a correcção deste desajustamento: a redacção proposta para o art. 446.°, n.° 2 prevê uma duração máxima de 4 anos para o mandato do ROC em qualquer modelo de governação.

A designação do ROC pela assembleia geral é, já se viu, um acto de atribuição de poderes ao órgão de Administração para a prática dos actos necessários para investir o ROC nas suas funções – *maxime*, a celebração do respectivo contrato de prestação de serviços. Não parece, todavia, que esse prazo deva ser qualificado como um prazo de caducidade, findo o qual o direito/poder se extingue pelo seu não uso no período de tempo legalmente previsto: o prazo imposto pela norma terá provavelmente o sentido de impor ao órgão de administração alguma celeridade na regularização das relações da sociedade com o seu ROC, evitando situações de inexistência de ROC durante longos períodos de tempo ou de exercício de facto das respectivas funções por um ROC não contratado. E, se esta interpretação estiver correcta, não faria sentido cominar a invalidade para a eventual contratação do ROC após o decurso do período legalmente previsto: esta invalidade imporia a tomada de uma nova deliberação de designação do ROC pela assembleia geral, novamente convocada para o efeito, com todas as demoras e custos inerentes, para, certamente, vir a ser designado o mesmo ROC, nas mesmas condições. A invalidade revelar-se-ia, assim, uma sanção totalmente desajustada ao interesse prosseguido com a imposição do prazo – o da celeridade na contratação do ROC.

Será, todavia, evidente que, uma vez decorrido aquele prazo de 45 dias após a deliberação sem que o órgão de administração aja em conformidade – isto é, sem que cumpra o *dever* de proceder à celebração regular do contrato de prestação de serviços com o ROC designado –, aquele entra em *incumprimento*, tornando-se os seus membros responsáveis perante a sociedade nos termos do art. 72.º, n.º 1 CSC e podendo mesmo tal falta determinar a sua destituição, nos termos do art. 403.º.

Seria, todavia, desejável que o legislador se pronunciasse de forma inequívoca sobre as consequências que decorrem da não celebração do contrato dentro do prazo de 45 dias após a tomada da deliberação, já que o seu silêncio pode dar lugar a indefinições e situações de inércia muito indesejáveis, do ponto de vista dos interesses dos accionistas e dos terceiros que contactam com a sociedade.

Quanto ao valor jurídico dos actos praticados pelo ROC sem prévia celebração do respectivo contrato de prestação de serviços com a sociedade, e assumido o contrato como condição de legitimidade para o exercício de tais funções, a sua inexistência dará lugar, pelo menos, à ineficácia dos actos por ele praticados, com possibilidade de ratificação, *a posteriori*, dos mesmos, se o contrato vier a ser celebrado. Isto porque, ainda uma vez, a invalidade, mesmo sob a forma mais suave da anulabilidade, se afigura uma sanção excessiva, que não tutela os interesses de nenhuma das partes envolvidas no contrato (sócios, sociedade, terceiros e o próprio ROC). O contrato constituirá, assim, condição de eficácia dos actos praticados pelo ROC.

Esta situação é, de resto, equivalente à da nulidade do contrato por inobservância da forma legal, prevista no art. 53.°, n.° 3 EROC. Situação típica, de resto, já que o ROC que actua "sem contrato" sempre o fará no contexto de algum acordo verbal estabelecido com o órgão de administração, sem o qual não é configurável a possibilidade da prática de actos nessa qualidade. O art. 53.°, n.° 3, refere-se, todavia, ao valor jurídico *do contrato* e não dos actos praticados pelo ROC no contexto do mesmo, que a consequência que se afigura ajustada é a da ineficácia dos actos praticados pelo "ROC de facto".

1.3. *Conteúdo funcional da competência do ROC nas sociedades comerciais*

A presença do ROC na estrutura de administração e fiscalização das sociedades anónimas é, como vimos, sempre obrigatória quando em causa está uma sociedade anónima, e facultativa ou obrigatória, consoante os casos, nas sociedades por quotas.

Perante este modelo de intervenção necessária do ROC no governo das sociedades, importa, pois, estabelecer as razões que determinam o legislador a impor às sociedades em questão a integração obrigatória e permanente de um ROC nos seus órgãos.

Tal tarefa pressupõe, todavia, a prévia definição dos aspectos funcionais da actividade do ROC, enquanto elemento dos órgãos da sociedade.

Para além das funções genericamente atribuídas pela lei ao fiscal único e ao conselho fiscal (art. 420.°) – e que cabem, por conseguinte, a qualquer membro destes órgãos, independentemente de serem ou não revisores oficiais de contas –, ao ROC são cometidas algumas funções *específicas*, isto é, que lhe cabem exclusivamente a ele, enquanto ROC, para além de todas as restantes funções que decorrem da sua qualidade de membro do conselho fiscal ou de fiscal único. Consistem essas funções específicas em proceder a todos os *exames e verificações necessários à revisão e à certificação legal de contas* (art. 420.°, n.° 3) no exercício de um *dever de vigilância*, traduzido na obrigatoriedade de comunicação à administração de quaisquer sinais de dificuldade no prosseguimento do objecto da sociedade detectados no exercício da sua actividade (art. 420.°-A, n.° 1).

Essas funções são, desde logo, referidas no regime jurídico dos revisores oficiais de contas, onde lhes é reconhecida competência para a *revisão legal de contas*, a *auditoria às contas* e serviços relacionados, bem como para o exercício de quaisquer outras funções que por lei exijam a intervenção própria e autónoma de um ROC sobre determinados actos e factos patrimoniais (art. 40.°, n.° 1 EROC), além de outras funções *de interesse público* que a lei lhes atribua.

Resulta, por seu turno, da articulação dos arts. 420.°, n.° 3, 451.°, n.°s 2 e 3 e 453.°, n.° 2 do CSC, que, seja qual for o modelo de administração pelo qual a sociedade haja optado, as funções do ROC – enquanto membro do conselho fiscal ou enquanto revisor oficial de contas – são as mesmas. Cabe-lhe

- apreciar o relatório de gestão elaborado pela administração
- examinar as contas do exercício
- elaborar o relatório anual sobre a fiscalização efectuada
- emitir o documento de certificação legal de contas.

170 *Controlo de Contas e Responsabilidade dos ROC*

Pode dizer-se que estas funções consubstanciam o conteúdo fundamental da *revisão legal de contas*, referida no EROC (art. 40.º, n.º 1, al. a)) como uma das competências do ROC. Esta *revisão legal de contas* refere-se às situações em que o controlo das contas por um ROC resulta de uma imposição legal, tomando esse controlo o nome de *auditoria* quando decorra de uma disposição estatutária ou contratual.

De modo simplificado, o instituto da *revisão legal de contas/ /auditoria* pressupõe dois momentos capitais:

– A *revisão*, exame ou apreciação propriamente ditos, em que o ROC, de acordo com as *leges artis*, verifica a conformidade do relatório de gestão e das contas do exercício com a realidade contabilística e financeira da empresa (art. 43.º EROC).

– A *certifiação legal das contas,* obrigatória nas empresas sujeitas a revisão legal de contas, e que consiste na emissão de uma *opinião*, por parte do ROC, acerca da conformidade das demonstrações financeiras da sociedade com a sua posição financeira real e com o resultado das suas operações. Tal opinião, que é afinal o resultado ou a conclusão retirados da *revisão*, pode ser emitida com ou sem reservas, pode haver escusa de opinião, ser emitida uma opinião adversa ou haver declaração de impossibilidade de certificação legal (art. 44.º e 52.º, n.º 1, als. a) e b) EROC).

Dispersas no EROC e no CSC é possível encontrar uma série de outras competências e funções atribuídas, de forma algo aleatória, ao ROC, enquanto tal ou como membro do conselho fiscal: deveres de fiscalização (art. 47.º, n.º 1 EROC e art. 420.º CSC), deveres de vigilância (420.º-A CSC), prestação de serviços relacionados com a revisão e a auditoria das contas (art. 41.º, al. c) EROC), consultoria (art. 48.º EROC), etc. Todavia, para efeitos do tema que aqui importa tratar, e que é o do controlo das contas e responsabilidade dos ROC, interessa recortar de entre essa panóplia de funções aquelas que, constituindo-se como o conteúdo nuclear das suas competências, são também as que, na prática, suscitam alguma conflitualidade e destacam, por conseguinte, a questão da responsabilidade dos ROC.

O controlo das contas pelo ROC constitui, por outro lado, uma actividade simultaneamente independente e vinculada. Trata-se de uma actividade independente, no sentido de que o ROC deve desempenhar aquelas funções em regime de completa independência funcional e hierárquica relativamente às empresas a quem presta serviços (art. 49.°, n.° 1 EROC) e com respeito pelo regime de incompatibilidades para eles previsto na lei (art. 414.°, n.os 2 a 8 CSC). Todavia, o modo de exercício dessa actividade é vinculado, porque não só devem ser observadas as normas técnicas aprovadas ou reconhecidas pela Ordem dos ROC, os seus avisos e as suas determinações (art. 52.°, n.° 2 e 64.°, n.° 1 EROC), como lhes é imposto que desempenhem com zelo e competência as suas funções (art. 62.°, n.° 1 EROC).

2. O auditor nas sociedades abertas

É importante referir a especificidade do papel desempenhado pelos revisores oficiais de contas nas sociedades com o capital aberto ao investimento público (sociedades abertas ou sociedades cotadas: art. 13.° CVM).

Encontra-se, efectivamente, consagrado um regime próprio de fiscalização para este tipo de sociedades, onde está prevista a intervenção de um *auditor* em todos os actos societários previstos no art. 8.° CVM – sendo que, para efeitos do CVM, o *auditor* será obrigatoriamente um ROC que preencha os requisitos do art. 9.°, n.° 1 do CVM e que, além disso, se ache *registado* como tal junto da CMVM[23].

---

[23] Somos, assim, surpreendidos por uma discordância relativa de conceitos quanto à actividade de *auditoria*: para efeitos do CVM, a *auditoria* deve ser entendida como a actividade do ROC, registado junto da CMVM como auditor, em relação aos actos referidos no art. 8.° CVM; de modo diverso, o EROC dis-

O auditor distingue-se, por conseguinte, do ROC pelo facto de ter procedido ao respectivo registo como auditor junto da CMVM, ficando assim habilitado a exercer a auditoria de sociedades abertas, nos termos impostos pelo art. 8.º CVM. De forma redundante, o auditor é sempre um ROC ou uma SROC[24], mas nem todos os ROC são auditores[25].

É, todavia, necessário perceber que o auditor é um sujeito que cumpre, na fiscalização da sociedade (aberta), um papel diferente do ROC que integra os respectivos órgãos: este último corresponde sensivelmente à figura do *auditor interno*, enquanto o auditor referido no CVM é aquele que desempenha funções de *auditoria externa* em relação à sociedade.

Ver-se-á, depois, que esta distinção faz toda a diferença quando se trate de estabelecer os pressupostos e o regime da responsabilidade do ROC e dos auditores[26]. O CVM preocupou-se em estabelecer, para o auditor, um regime também ele especial de responsabilidade, que todavia é privativo *dos auditores* no exercício exclusivo da sua função de *fiscalização de sociedade aberta*, e não em toda a sua actividade.

---

tingue a actividade de *revisão legal de contas* da actividade de *auditoria* com base num outro critério: a *auditoria* é exercida em cumprimento disposições estatutárias ou contratuais; a *revisão legal de contas* decorre de disposições legais (art. 41.º, n.º 1, als. a) e b) EROC). Se é verdade que daqui não resulta uma contradição insuperável em termos práticos, do ponto de vista conceptual e da prática jurídica é recomendável que se proceda a uma harmonização entre os diversos dispositivos legais que lidam com esta matéria, em ordem a uma delimitação e uniformização rigorosa do conceito de auditoria.

[24] Trata-se de uma novidade introduzida pelo CVM, já que no domínio do anterior CódMVM apenas eram admitidas ao registo como auditores as SROC, e não o ROC individual.

[25] Sobre o exercício da função de auditor junto das sociedades abertas veja-se o Regulamento CMVM n.º 6/2000 (Auditores), o qual, ao abrigo do disposto no art. 11.º CVM, estabelece regras de auditoria mais pormenorizadas.

[26] Cf. MENEZES LEITÃO, "A Responsabilidade Civil do Auditor de Uma Sociedade Cotada", ROA, Ano 65, Dez. 2005, pp. 663 ss.

Tem sido entendido, porém, que a mesma pessoa pode acumular, junto da sociedade, as funções de ROC membro do órgão de fiscalização da sociedade e de auditor, para efeitos do cumprimento do disposto no art. 8.° do CVM e de outras disposições congéneres, sendo inclusivamente sustentado que a certificação legal de contas e o relatório de auditoria possam ser elaborados e assinados pela mesma pessoa e que constem, inclusivamente, do mesmo documento[27].

3. Fundamento e natureza das funções obrigatórias do ROC e do auditor nas sociedades comerciais

Procurar-se-á, agora, relacionar o carácter vinculado do exercício das funções do ROC com a natureza dos interesses e dos objectivos prosseguidos pelo legislador com a imposição às sociedades da integração dum ROC nos seus mecanismos de controlo interno, bem como da obrigatoriedade de estes procederem à revisão e certificação legal das suas contas. Qual, afinal, o fundamento deste particular mecanismo de fiscalização das sociedades?

Muito haveria a dizer. O tema inscreve-se num outro, de natureza mais ampla, que é o das grandes fraudes contabilísticas e consequentes colapsos de verdadeiros gigantes do tecido empresarial global[28],

---

[27] Cf, a Directriz Técnica 701, emitida pela Ordem dos ROC, onde se afirma que "...o relatório de auditoria e a certificação legal das contas podem ser consubstanciados num só documento quando o auditor registado é simultaneamente o revisor legal de contas eleito ou designado". Com dúvidas sobre este entendimento face às disposições legais em vigor, mas globalmente a favor da fiscalização da sociedade aberta por um só auditor, TORSTEN ROSENBOOM, "A Responsabilidade Civil de Profissionais que Fiscalizam Sociedades Anónimas Cotadas em Bolsa, em Portugal e na Alemanha", in *Estudos de Direito do Consumidor*, n.° 6, 2004, Coimbra, FDUC (Centro de Direito do Consumo), p. 208 ss..

[28] Enron, Worldcom, Parmalat, Arthur Andersen, etc.; sobre a influência destes factos sobre as medidas de reforço da qualidade e da credibilidade da informação financeira a uma escala global, PAULO CÂMARA, p. 93-94.

a suscitar reflexões preocupadas e preocupantes sobre o papel dos ROC – ou, de forma mais abrangente, dos auditores – e a omnipresença do tema da *corporate governance* em todos os debates e desenvolvimentos actuais que tenham na mira o futuro e o papel das sociedades comerciais.

A forma vinculada de exercício da actividade dos ROC no seio das sociedades está directamente relacionada com a *função social* desempenhada pelo ROC num cenário de incessante e complexo tráfico económico, onde se desenrolam operações financeiras de grande envergadura, onde as trocas comerciais são constantes, as actividades empresariais se mostram cada vez mais globalizadas, onde as multinacionais projectam a sua actividade comercial em múltiplos pontos do globo. Onde, em resumo, se faz sentir uma especial necessidade, em todos os sectores, de conhecer a realidade económica dos entes que intervêm neste movimento económico, e que essa realidade económica se ache devidamente reflectida nas suas demonstrações financeiras, pois que, pela sua estrutura pluripessoal ou pela sua grande envergadura, se trata de entes de difícil captação por parte dos terceiros que têm necessidade de se relacionar com eles. Assim se afirma hoje que a actividade de revisão/auditoria de contas, levada a cabo por profissionais independentes e qualificados, adquire verdadeiramente um estatuto de *responsabilidade social*, no seu mais amplo significado.

Estamos, de facto, muito longe daquele formato de relação negocial pessoal, que se travava através do contrato tradicional, em que credor e devedor apareciam ligados entre si pelo sinalagma e em que, dada a transparência da sua situação patrimonial, cada um sabia qual o acervo patrimonial com que podia contar da contraparte, para efeitos de decidir se podia ou não confiar numa relação contratual com aquele sujeito, conhecendo *ex ante* o nível de solvência e as garantias proporcionadas por essa contraparte[29].

---

[29] CONCEPCIÓN MONTOYA OLIVER/JULIO FERNANDEZ-SANGUINO FERNANDEZ, "Auditorias y Control Interno en España, con especial referencia al Sector Financiero. Aspectos Legales", *Revista de Derecho Bancario y Bursátil*, Anno XXIV, Abril-Junho 2005, Editorial Lex Nova, Centro de Documentación Bancaria y Bursátil.

Essa relação idílica, própria de uma economia incipiente, encontra-se hoje definitivamente ultrapassada, assistindo-se agora a grandes e permanentes conflitos na área económica, justamente causados pela falta ou opacidade da informação de que sofrem os contraentes relativamente às características patrimoniais da contraparte. E dada a possibilidade de alguns destes entes projectarem a sua actividade em diversos sectores da sociedade, bem como a respectiva capacidade de influenciar as directrizes económicas dos países a que pertencem, a partir das decisões das suas elites executivas, os próprios poderes públicos sentem hoje a necessidade de se preocupar com o rigor e a profundidade na captação da realidade económica de tais instituições. É, efectivamente, indispensável que aqueles que contactam e contratam com as empresas – credores, fornecedores, consumidores, utilizadores de bens e serviços por eles fornecidos, etc. – conheçam a sua realidade financeira, impondo-se ao legislador a necessidade de desenhar instrumentos adequados ao fornecimento a terceiros dos níveis desejáveis de conhecimento e informação sobre a sua realidade económica.

Assim se explica a exigência de *transparência* financeira das empresas, hoje constituída em pedra de toque de toda a reconstrução dos modelos societários e bandeira dos mais enraizados princípios de governo das sociedades. Esta transparência constitui-se, no contexto da auditoria e revisão legal de contas, como uma regra que visa facultar à sociedade, aos sócios e a terceiros uma *imagem fiel* das contas da empresa, cuja importância eleva a finalidade da revisão/ /auditoria de contas a um objectivo de interesse público[30].

A exigência de dotar da máxima transparência a informação económica e contabilística da empresa, qualquer que seja o âmbito da sua actividade, exige, porém, o estabelecimento de regras e técnicas de revisão que permitam, por um lado, uniformizar os proce-

---

[30] JULIETA GARCIA DIEZ, "Responsabilidade dos Auditores Legais em Espanha e Portugal", in *Revisores e Empresas*, Ano 1, n.º 4 – Jan.-Mar. 99, p. 45. Também PAULO CÂMARA (p. 94) observa que "… embora os auditores celebrem com as empresas suas clientes contratos de direito privado, realizam na verdade uma função de interesse público".

176   *Controlo de Contas e Responsabilidade dos ROC*

dimentos e, por outro, funcionar como base de formação de uma opinião qualificada sobre o grau de fiabilidade e de fidelidade com que a documentação contabilística representa a situação económica, patrimonial e financeira da empresa.

O controlo das contas pelo ROC e auditores configura-se, pois, como uma actividade eminentemente (senão estritamente) *técnica*, consubstanciada num conjunto de *procedimentos* destinados a testar as asserções da administração reflectidas nas demonstrações financeiras. Procedimentos esses que possibilitam ao auditor a emissão de uma *opinião profissional* sobre o rigor das demonstrações financeiras elaboradas pelo órgão de administração da sociedade. O ROC não se limita, pois, à simples comprovação de que os saldos que figuram nos documentos contabilísticos da sociedade correspondem aos saldos representados no balanço e na conta de resultados. As técnicas de revisão e verificação das contas, uma vez aplicadas, devem permitir, com elevado grau de certeza e sem necessidade de refazer o processo contabilístico na sua totalidade, dar uma opinião responsável sobre a contabilidade da empresa no seu conjunto, bem como sobre outras circunstâncias que, afectando a vida da empresa, não estejam abrangidas nesse processo.

A revisão de contas é, portanto e antes de mais, um serviço prestado à empresa, mas que interessa e afecta não só a empresa como também os terceiros que, de uma ou outra forma, mantenham quaisquer relações com a empresa.

O principal desiderato da actividade de auditoria ou revisão de contas descobre-se, pois, na prestação da máxima informação para obter o máximo de transparência, as quais, conjugadas com a fiabilidade da informação, configuram instrumentos indispensáveis de protecção da própria empresa e dos terceiros.

A *imagem fiel* da empresa funciona, assim, como pressuposto de exigência da actuação do ROC e, simultaneamente, como sua finalidade: a *transparência*, a *fiabilidade* e a *fidelidade* da informação prestada pelo ROC na sua actividade de controlo das contas constituem os expoentes da sua intervenção no funcionamento global das empresas.

II

RESPONSABILIDADE DO ROC
PELO CONTROLO DAS CONTAS

1. Delimitação do âmbito da indagação

O tema da responsabilidade dos ROC pelo controlo das contas das empresas reveste-se, pois, da maior importância, sobretudo quando sejam tidos em consideração os mais recentes colapsos e escândalos relativos a gigantes empresariais (Enron, WorldCom, Parmalat, etc.) que colocaram em grande destaque as funções, os deveres e o poder dos auditores de contas das empresas.

A responsabilidade do ROC pode, por outro lado, ser equacionada sob diversas perspectivas e vertentes.

Afigura-se desde logo necessária a averiguação dos fundamentos plausíveis da responsabilização do ROC, isto é, dos factos pelos quais estes podem/devem ser responsabilizados. Ganham aqui protagonismo três aspectos essenciais:

> (i) a responsabilidade do ROC por uma revisão/certificação das contas *inqualificada*, isto é, aquilo a que se chama *falha de auditoria*[31];

---

[31] Entende-se por *falha de auditoria* a emissão, pelo ROC ou pelo auditor, de uma opinião errada como resultado de uma falha fundamental no cumprimento das normas de auditoria geralmente aceites, isto é, das *leges artis*. Cf. CARLOS SILVA E CUNHA, "Responsabilidade Civil Profissional", in *VII Congresso dos ROC – Novas Perspectivas para a Profissão"*, policopiado, Nov. 2000, p. 13.

178 *Controlo de Contas e Responsabilidade dos ROC*

(ii) a responsabilidade do ROC pela não detecção de fraudes e desconformidades;

(iii) a responsabilidade do ROC pela ausência de previsão de factos negativos[32].

Quanto aos *sujeitos* perante os quais o ROC pode (ou não) ser responsabilizado, é necessário verificar a possibilidade de fazer o ROC responder, por qualquer um dos factos aqui referidos, perante a sociedade fiscalizada, os seus sócios, os seus credores e quaisquer outros terceiros.

Por último, destaque-se a susceptibilidade de os actos ilícitos praticados pelos ROC gerarem, consoante os casos, responsabilidade penal, disciplinar e/ou civil.

Por uma questão de eficácia e pertinência, esta exposição limitar-se-á à averiguação dos pressupostos da *responsabilidade civil do ROC por falhas de auditoria* perante a *sociedade e terceiros*, excluindo-se, além de outras, a análise do regime da responsabilidade civil dos membros do conselho fiscal (ROC incluído), nos termos do art. 81.º CSC.

2. Enquadramento normativo do instituto da responsabilidade civil do ROC por falhas de auditoria

A averiguação dos contornos do regime da responsabilidade civil do ROC pela emissão de opiniões não qualificadas, ou *falhas de auditoria*, pressupõe que se tenham em consideração diversos instrumentos normativos.

---

[32] É, aliás, muito discutido se a previsão de factos negativos (*v.g.* a impossibilidade de continuidade de exploração da empresa, a situação de insolvência, etc,.) constitui ou não uma função dos auditores; cf., sobre o assunto, CARLOS SILVA E CUNHA, p. 7.

Desde logo, destaca-se o silêncio do EROC sobre a matéria. Este silêncio poderia parecer tanto mais insólito, quanto o mesmo instrumento normativo estabelece regras específicas relativas à responsabilidade disciplinar e penal dos ROC, nada dizendo sobre a sua responsabilidade civil. Nenhuma estranheza deverá daí resultar, todavia, pois que, ao invés de se tratar de um lapso ou de uma omissão injustificada, o legislador se absteve, quanto a esta particular modalidade da responsabilidade, de acrescentar outras regras para além daquelas existentes no Código das Sociedades Comerciais, no CVM e no Código Civil em matéria de responsabilidade civil do ROC/ /auditor, regras essas suficientes para cobrir os diversos aspectos que aqui mereceriam destaque. Isto é, o legislador fez aqui jus a um princípio de economia e contenção normativa, tomando em consideração a suficiência de um edifício regulatório bastante e abstendo-se, como tal, de aumentar a complexidade e dispersão do seu regime com a adição de outras normas em mais um instrumento normativo

O regime da responsabilidade civil do ROC encontra-se, assim, distribuído por aqueles três instrumentos normativos, os quais tecem, em torno do instituto, uma apertada teia de normas e de princípios, a fazer prescindir de uma regulamentação adicional. O que não significa que esse mesmo tecido normativo seja isento de imperfeições, como se verá.

Por ordem de especialização da regulamentação, o CVM contém disposições sobre a responsabilidade do auditor (ROC registado na CMVM e, como tal, autorizado para a auditoria de contas de sociedade abertas) no contexto da informação auditada a que se refere genericamente o art. 8.º do CVM, definindo os termos da sua responsabilidade de acordo com o art. 10.º e com os arts. 251.º, 243.º e 149.º do mesmo diploma.

O CSC, por seu turno, dispõe, nos arts. 81.º e 82.º, sobre a responsabilidade civil dos ROC no exercício das suas funções de fiscalização de qualquer sociedade – aberta ou não –, pelo que estas normas se aplicam não só às sociedades fechadas como também às sociedades abertas em tudo o que, quanto a estas, se não ache especialmente regulado no CVM.

180   *Controlo de Contas e Responsabilidade dos ROC*

Por último, contamos ainda com o regime geral da responsabilidade civil tal como este se acha vertido no Código Civil, sempre que as normas especiais referidas se mostrem insuficientes ou omissas na regulação de uma situação concreta: a existência de normas de carácter especial, quer no CVM, quer no CSC, não afasta a aplicabilidade genérica do regime comum da responsabilidade, sempre que aquelas normas específicas não regulem determinado aspecto ou vertente de uma questão que, pela sua natureza, é subsumível ao CVM ou ao CSC. Trata-se, pois, de um verdadeiro regime supletivo, cuja aplicação o legislador não afasta nem contesta.

3. A responsabilidade do ROC perante a sociedade fiscalizada

3.1. *A responsabilidade do ROC segundo o art. 82.º CSC*

O art. 82.º, n.º 1, CSC estabelece a responsabilidade civil do ROC perante a sociedade pelos danos que lhe cause com a sua conduta culposa.

Esta é, por razões que a evidência demonstra, a situação que levanta menores dificuldades na respectiva abordagem jurídica.

Existe, desde logo, um amplo consenso em torno da natureza *obrigacional* da responsabilidade do ROC perante a sociedade fiscalizada por falhas de auditoria[33]. Isto, obviamente, no pressuposto de que se aceite a clássica dicotomia entre a responsabilidade civil contratual e delitual, e mesmo que se imponha a suspeita de que, provavelmente, cedo será necessário admitir uma terceira via da responsabilidade, insusceptível de recondução a qualquer uma destas grandes e clássicas categorias da mesma. Importa, toda-

---

[33] CARNEIRO DA FRADA, *Uma "Terceira Via" no Direito da responsabilidade Civil?*, Coimbra, Almedina, p. 25; JULIETA GARCIA DIEZ, p. 52; TORSTEN ROSENBOOM, p. 216.

via, esclarecer os contornos desta responsabilidade do ROC perante a sociedade fiscalizada.

Foi já destacada a natureza *contratual* das relações que se estabelecem entre a sociedade fiscalizada e o auditor. Não obstante a lei referir que o ROC será *designado* pela assembleia geral da sociedade (art. 50.° do EROC e arts. 446.°, n.° 1 e 414.°, *ex* art. 446.°, n.° 3 CSC), deixando ao intérprete incauto a ideia de que se trataria tão só de um acto jurídico unilateral, o exercício daquelas funções terá de ser consequência de um encontro de vontades (proposta e aceitação) entre a sociedade e o ROC. Assim, aquela designação mais não é do que um pressuposto de validade e eficácia do contrato que posteriormente virá a ser celebrado entre o ROC e a sociedade, e que corresponde precisamente à formação da vontade negocial da sociedade, ao decidir que será aquele, e não outro, o ROC ou a SROC a quem será proposto integrar os órgãos da sociedade. O ROC só é investido nos correspondentes direitos e deveres após a celebração do *contrato de prestação de serviços* referido no art. 53.° do EROC, onde de resto se impõe a redução do mesmo a escrito, sob pena de nulidade (art. 220.° CC).

Isso mesmo vem reforçado pelo disposto no n.° 7 do art. 50.° do EROC, onde se faz depender a *validade* da designação do ROC pela assembleia geral e do respectivo registo na conservatória competente do *consentimento* a prestar pelo ROC. Ora, é precisamente por meio dessa declaração negocial (escrita) de *consentimento* por parte do ROC que o contrato é concluído e alcança a sua perfeição, nos termos do art. 224.° do CC: enquanto o consentimento não é prestado, pela forma exigida pela lei, há apenas *proposta* de contrato, emitida pela sociedade mediante deliberação da assembleia geral.

Nem sequer o facto de se tratar de uma relação que encontra a sua raiz matricial numa imposição legal modifica a sua natureza contratual, assim como não deixa de ser obrigacional a responsabilidade originada pelo incumprimento das obrigações do sujeito em causa pelo facto de elas se acharem previstas numa norma legal.

Nas relações entre o ROC e a sociedade fiscalizada regem, quanto à responsabilidade daí resultante, os arts. 81.° e 82.° do CSC.

A relação entre estas duas normas não é inequívoca, já que o ROC, sendo membro do conselho fiscal, responde também e enquanto tal nos termos do art. 81.°. O art. 82.° estabelece, contudo, regras especiais e diferentes quanto à responsabilidade do ROC, o que causa alguma perplexidade ao intérprete.

Temos, todavia, como boa a interpretação segundo a qual o *ROC responde nos termos do art. 82.° quando actua no exercício de uma pura actividade de revisão legal de contas*, e responde nos termos do art. 81.° quando actua como qualquer outro membro (indiferenciado) do conselho fiscal[34]. Nenhuma outra interpretação parece consentânea com aquela que terá sido a intenção do legislador – a de estabelecer regras especiais para o exercício de uma função que é também ela privativa do ROC: a revisão e certificação legal de contas.

Para efeitos de *responsabilidade pelo controlo das contas*, de que aqui se cura em especial, interessa, pois, apenas a norma do art. 82.°, n.° 1, de acordo com a qual o ROC responde civilmente perante a sociedade *pelos danos que lhe causar com a sua conduta culposa*, sendo essa responsabilidade *solidária* (art. 73.°, *ex* art. 82.°, n.° 1 *in fine)* e *ilimitada* – pois que, não existindo na lei nenhum tecto ou limite, segue a regra geral contida no princípio indemnizatório, segundo o qual a indemnização deverá cobrir o dano em toda a sua extensão, colocando o lesado na situação em que estaria se o mesmo não tivesse ocorrido.

Quanto à possibilidade de limitação convencional da responsabilidade, esse é um aspecto que será tratado de modo uniforme, e não especificamente para a responsabilidade contratual.

Menos evidente será a configuração ou o tipo do *ilícito* que conduz à responsabilização do ROC. Nos termos gerais, a responsabilidade civil obrigacional ocorre quando se verifica o incumprimento ou o cumprimento defeituoso de uma obrigação (dever de

---

[34] CARLOS COSTA PINA, *Dever de Informação e Responsabilidade pelo Prospecto no Mercado Primário de Valores Mobiliários*, Coimbra Editora, 1999, p. 202.

prestação), sendo esta uma modalidade da responsabilidade que visa a tutela e a realização das expectativas ligadas ao vínculo obrigacional. O seu fundamento achar-se-á, portanto, numa frustração da expectativa do credor – fundada num contrato ou, mais genericamente, numa obrigação (em sentido técnico) – da promessa de realização da prestação (verificação e certificação das contas), numa falha ou frustração do programa contratual estabelecido. Não é *qualquer facto* nem *qualquer dano* que desencadeia a responsabilidade, mas apenas *o dano verificado em consequência da violação ilícita e culposa de uma relação jurídica específica.*

Ora, os deveres contratuais que o ROC assume perante a sociedade fiscalizada são, no âmbito da actividade de controlo das contas, os de efectuar a respectiva revisão e certificação legal[35], de acordo com as regras técnicas e deontológicas da profissão, pelo que o incumprimento contratual – base e fundamento de uma eventual pretensão indemnizatória – se dará se e quando o ROC omita qualquer um destes actos a que está obrigado, lesando o direito do credor a essa prestação de facto.

A situação exemplar, contudo, não corresponde a um *incumprimento* puro e simples das obrigações contratuais assumidas pelo ROC: mais comummente, a frustração das expectativas da sociedade, enquanto credora da prestação, resulta do facto de o ROC, tendo procedido à revisão e certificação das contas, ter depois emitido uma *opinião inqualificada*, ou seja: ter-se pronunciado pela conformidade das demonstrações financeiras apresentadas pela administração com a situação patrimonial e contabilística da sociedade quando, mediante a aplicação das normas técnicas convocá-

---

[35] A certificação desdobra-se em duas vertentes – formal e substancial. Formalmente, a certificação concretiza-se no respectivo documento, podendo ser feita sem reservas, com reservas, ser feita uma certificação adversa ou uma declaração de impossibilidade de certificação (art. 44.º, n.º 3 EROC). De um ponto de vista substancial, a certificação legal de contas consiste numa opinião, expressa pelo ROC, acerca da conformidade das demonstrações financeiras com a posição financeira da empresa (art. 44.º, n.º 2).

veis, actuando de acordo com as *leges artis* da profissão e com o zelo e a diligência que lhe são exigíveis[36], deveria ter identificado e revelado as desconformidades porventura existentes – o que não acontece.

Recusa-se, no entanto, com firmeza o dogma da responsabilização do ROC por toda e qualquer desconformidade, erro ou fraude por ele não detectada e/ou revelada, mas que venha a demonstrar-se existir.

Desde logo, não é configurável, neste contexto, qualquer tipo de responsabilidade objectiva do ROC/auditor por danos causados com a não detecção de erros ou desconformidades: a responsabilidade do ROC, na ausência de outra indicação legal, será necessariamente subjectiva, assente na pedra de toque da culpa, presumida ou provada. A culpa presumir-se-á quando a responsabilidade do ROC seja de natureza contratual (art. 799.°, n.° 1 CC), ficando a respectiva prova a cargo do lesado nos casos de responsabilidade delitual do ROC (art. 487.°, n.° 1 CC)[37]. Não pode, assim, afirmar-se a res-

---

[36] O CSC não contém, para os membros dos órgãos de fiscalização, qualquer norma idêntica à do art. 64.°, onde se consagra o dever de diligência dos membros dos órgãos de administração. Não temos, todavia, qualquer dúvida sobre a existência de um dever análogo a cargo do ROC e dos restantes membros dos órgãos de fiscalização, o qual decorre da própria natureza e teleologia das funções por eles desempenhadas na sociedade e é, de resto, corroborado pelo seu estatuto profissional (art. 62.°, n.° 1 EROC). A redacção desta norma é, porém, infeliz, na medida em que parece consagrar o dever de diligência com o objectivo de dignificação da profissão, e não de promoção do objectivo da fiabilidade e transparência das contas das empresas junto das quais exercem funções. *De iure condendo* aplaude-se a consagração do dever de diligência dos membros dos órgãos de fiscalização no CSC, tal como propõe a CMVM, através da introdução de um "n.° 2" ao art. 64.° CSC.

[37] De acordo com a proposta da CMVM de alteração do CSC, não deverá ser consagrada, para os órgãos de fiscalização, a chamada *business judgement rule*. Segundo esta regra, de inspiração norte-americana, presume-se a licitude da conduta do administrador, desde que se demonstre ter existido um razoável zelo na condução dos negócios, assim se evitando que o juiz tenha de se pronunciar sobre o conteúdo da actuação do administrador. Propõe-se, todavia, entre nós, a

ponsabilidade do ROC sempre que e apenas porque se verifique existirem erros ou desconformidades na informação financeira produzida pelo órgão de administração que o ROC não detectou ou não revelou: será necessário, para a respectiva responsabilização, que a não detecção dos erros e desconformidades surja como o resultado de uma actuação profissional deficiente e negligente – isto é, como resultado de uma actuação *ilícita* e *culposa*.

A *ilicitude* consubstanciar-se-á, de acordo com o art. 82.º, o ROC na omissão da revisão e/ou emissão de relatório de certificação legal das contas ou, mais correntemente, no cumprimento defeituoso do dever de revisão/certificação (desrespeito pelas *leges artis*, pelas normas técnicas aplicáveis, etc.). No que à *culpa* diz respeito – e sendo esta, repete-se, um indispensável elemento da responsabilidade civil obrigacional –, o ROC actuará culposamente sempre que omita a observância das regras e princípios pelos quais deveria pautar a sua actividade de revisão de contas e cujo cumprimento lhe é exigível – *maxime*, quando a sua conduta seja marcada pela revisão negligente ou quando exista intenção de produzir o resultado ilícito, sobretudo em situações de fraude.

O ROC pode, contudo, afastar a responsabilidade que lhe seja imputada através da demonstração de que agiu sem culpa, isto é, que não lhe era exigível que tivesse actuado de outra maneira, sempre que, de acordo com as regras da distribuição do ónus da prova na responsabilidade civil obrigacional, se presuma a respectiva culpa enquanto devedor.

Ao mesmo tempo, a auditoria de contas, em sentido amplo, constitui uma actividade eminentemente técnica, vinculada à obser-

---

consagração da *business judgement rule* para os órgãos de administração, embora numa formulação mitigada: presume-se a culpa do administrador, mas inserem-se na norma diversas causas objectivas de exclusão da responsabilidade. Não sendo líquido se se trata de causas de exclusão da *ilicitude* ou da *culpa*, parece que o legislador não distinguiu entre uma e outra categoria, optando por consagrar conjuntamente umas e outras e referindo-as simplesmente como situações susceptíveis de afastarem a *responsabilidade*.

vância de certos métodos, regras e princípios específicos de revisão, que se pretende seja exercida com profissionalismo, credibilizando a actividade e dando corpo ao ideal de transparência e de imagem fiel que se pretende que as contas das empresas apresentem. Não pode, todavia, tropeçar-se no chamado *expectation gap* – expressão pela qual é designada a distância entre as expectativas dos destinatários da informação auditada em relação aos resultados da auditoria e aquela que é efectivamente a função dos auditores.

Tem vindo, de facto, a generalizar-se em demasia a convicção de que os auditores têm o supremo poder, mas também o supremo dever, de detectar, nas contas das empresas auditadas, todas as falhas, desconformidades, fraudes, erros, etc., pretendendo-se, por vezes, responsabilizá-los de um modo quase automático sempre que venha a verificar-se que, não obstante a emissão de uma certificação sem reservas por parte do ROC, os relatórios financeiros produzidos pela administração apresentam desconformidades mais ou menos graves em relação à realidade da empresa. No fundo, as expectativas sociais em relação à actividade de auditoria – ou aos seus resultados – apontam quase para uma *responsabilidade objectiva* dos auditores, activada pela simples verificação de desconformidades não detectadas e/ou reveladas.

Esta fúria responsabilizadora dos ROC e dos auditores encerra perigos relevantes, não só do ponto de vista social – porque cria um risco excessivo de litígio que pode converter a auditoria numa actividade antieconómica[38] –, como do ponto de vista estritamente técnico-jurídico, já que nada permite, como se disse, dispensar, na responsabilização dos ROC, a verificação dos pressupostos gerais da responsabilidade civil: a responsabilidade obrigacional do ROC perante a sociedade fiscalizada – primeira e principal destinatária do produto da sua actividade – não prescinde do carácter *ilícito* e *culposo* da conduta.

---

[38] Julieta Garcia Diez, p. 46.

3.2. *A responsabilidade do auditor nos termos do art. 10.° CVM*

O art. 10.° do CVM mais não faz do que consagrar para o auditor (externo) um regime de responsabilidade que, no que toca à sociedade fiscalizada, não parece em nada afastar-se do que fica dito. Limita-se a prescrever a responsabilidade do auditor perante a sociedade em caso de deficiência do relatório ou do parecer que se acha obrigado a elaborar, devendo considerar-se reproduzido a este propósito tudo o que atrás ficou dito sobre a responsabilidade do ROC perante a sociedade.

Evidentemente, a ilicitude e a culpa do auditor devem aqui ser concretizadas em função dos específicos deveres que neste contexto lhe são atribuídos e bem assim à luz dos elementos de tipicidade social das sociedades abertas, já que os danos susceptíveis de ocorrerem neste contexto são provavelmente mais amplos e seguramente diferentes. O que obriga a uma indagação também ela específica no preenchimento dos conceitos de *ilicitude* e de *culpa* para efeitos de responsabilidade do auditor.

4. A responsabilidade do ROC perante terceiros

4.1. *Insusceptibilidade de responsabilização do ROC perante terceiros segundo a responsabilidade obrigacional*

De muito maior acuidade e importância prática – mas de muito maior complexidade também – é a questão da responsabilidade dos ROC perante terceiros, sejam eles os sócios, os credores ou quaisquer outros terceiros que possam ser lesados por eventuais deficiências manifestadas no controlo das contas a que o ROC haja procedido.

Em relação aos sócios e aos credores sociais, o art. 82.° CSC pronuncia-se, de forma inequívoca, no sentido da admissibilidade dessa responsabilidade: o ROC responde perante os sócios pelos danos que lhe causar com a sua conduta culposa (art. 81.°) e perante os credores sociais pela inobservância culposa das disposições legais ou contratuais destinadas à sua protecção (art. 78.°, *ex* art. 82.°, n.° 2, CSC).

Esta não é, todavia, uma responsabilidade de natureza idêntica àquela que o ROC assume perante a sociedade fiscalizada; inexiste, agora, aquele vínculo específico, de carácter obrigacional, entre os sócios ou os credores sociais e o ROC, que funda a responsabilidade obrigacional. Não se verifica, entre os sujeitos em causa, nenhum elo negocial ordenador de posições e interesses, porque nem os sócios, nem os credores sociais são credores do ROC relativamente a uma prestação de controlo ou auditoria das contas: este dever de prestação decorre de um contrato celebrado entre a sociedade, enquanto pessoa jurídica, e o ROC, pelo que só aquela é credora da prestação, só ela a podendo exigir e apenas ela podendo exigir do ROC uma indemnização em caso de danos causados por deficiências no controlo das contas.

Nem através da figura do *contrato a favor de terceiro* se poderá aqui configurar qualquer tipo de responsabilidade contratual do ROC perante terceiros: esta figura pressupõe que o contrato seja celebrado com a intencionalidade directa e principal de conferir a um terceiro um direito à prestação, o que não se verifica pelo simples facto de a sociedade pretender utilizar os resultados da verificação das contas, sobretudo se favoráveis, junto de quaisquer terceiros (sócios, credores, etc.). O contrato a favor de terceiro – o qual, de acordo com configuração que lhe é dada pelo art. 443.° do Código Civil, tem lugar quando, por meio de um contrato celebrado entre dois sujeitos, é atribuído um benefício a um terceiro, estranho ao negócio, que adquire um direito a essa vantagem[39] –, apresenta uma estrutura tipicamente triangular, em cujos

---

[39] Sobre o contrato a favor de terceiro, DIOGO LEITE DE CAMPOS, *Contrato a Favor de Terceiro*, Coimbra, Almedina, 2.ª Ed., 1991; VAZ SERRA, "Contratos a favor de terceiro. Contratos de prestação por terceiro", in *BMJ* n.° 51, Nov. 1955,

vértices se encontram os três intervenientes na relação contratual[40]: promitente, promissário (ou estipulante) e beneficiário[41]. Da celebração do contrato a favor de terceiro nasce, assim, um direito de crédito directamente atribuído ao terceiro, que o legitima a exigir do promitente a prestação, mas conservando também o promissário o direito de exigir do promitente a realização da prestação (a favor do terceiro). O terceiro adquire tão-só um direito a uma prestação, da qual é credor, mas que não retira ao promissário a qualidade de parte no contrato, titular de direitos e deveres dele emergente: no contrato a favor de terceiro, nem o promitente, nem o promissário deixam de ser os únicos contraentes, mesmo após a adesão do terceiro, que jamais adquire a qualidade de parte no contrato[42].

Ora, o contrato celebrado entre a sociedade e o ROC para que este proceda à revisão legal das suas contas ou a uma auditoria das mesmas não apresenta a estrutura triangular típica do contrato a favor de terceiro, e muito menos a intencionalidade de conferir a quaisquer terceiros um direito à prestação, sem o que fica prejudicada esta qualificação.

A responsabilidade dos ROC perante sócios e credores, consagrada de modo explícito no art. 82.° CSC, só pode, assim, ter lugar fora dos quadros convencionais da responsabilidade obrigacional.

Antes, contudo, de averiguar a base da responsabilidade do ROC perante terceiros, há que tomar posição sobre uma outra questão, que é a de saber se, para além dos sócios e dos credores sociais, o ROC poderá ainda ser responsável perante quaisquer outros terceiros (*v.g.*, interessados na compra de partes sociais, que confiaram na certificação das contas pelo ROC para aferirem do valor

---

p. 29; Antunes Varela, *Das Obrigações em Geral*, Vol. I, Coimbra, Almedina, 10.ª Ed, p. 408 ss..

[40] Varela, *cit.*, p. 408.

[41] Vaz Serra, p. 29.

[42] Antunes Varela, p. 430.

da sociedade). O que está agora em causa é saber se, pelo facto de estes terceiros (diversamente do que se dispõe para a responsabilidade dos administradores e dos membros do conselho fiscal enquanto tal, arts. 79.° e 81.° CSC, e para a responsabilidade dos auditores, art. 10.° CVM) não se acharem referidos, no art. 82.°, entre os sujeitos perante os quais o ROC é responsável, se deverá entender que o legislador quis afastar a possibilidade de o ROC poder ser responsabilizado perante eles.

Como já se disse, o sentido das normas especiais sobre responsabilidade civil do ROC, constantes do CSC e do CVM, não é o de impedir a aplicação das regras gerais da responsabilidade: esta é sempre uma possibilidade, desde que a sua disciplina se não ache prejudicada pela existência de norma especial que disponha de forma diferente.

Assim, a responsabilização do ROC perante quaisquer outros terceiros será igualmente admissível desde que se verifiquem, em relação a ela, os pressupostos da responsabilidade civil.

4.2. A responsabilidade delitual do ROC perante terceiros

Estabelecida a insusceptibilidade de subsunção da responsabilidade do ROC perante terceiros aos quadros da responsabilidade civil obrigacional (ao menos de acordo com os respectivos quadros conceptuais tradicionais), cabe agora verificar a hipótese de que a mesma consubstancie uma responsabilidade delitual, aquiliana ou extracontratual.

E para que o seja, necessário se torna que assente nos pressupostos ou requisitos da responsabilidade civil delitual, ou seja, que a actuação do ROC configure um acto ilícito, culposo e danoso.

Se a culpa e o dano não apresentam, neste particular, dificuldades particulares, é quanto ao carácter ilícito da conduta do ROC que experimentamos algumas sérias dúvidas.

4.2.1. *A violação de direitos absolutos e a (ir)relevância das puras perdas patrimoniais*

A ilicitude apresenta-se, no art. 483.°, n.° 1, (norma geral de consagração da responsabilidade civil extracontratual), sob duas modalidades ou variantes possíveis: *(i)* violação de um direito subjectivo; *(ii)* violação de uma disposição legal de protecção de interesses alheios.

A primeira variante da ilicitude, é sabido, não permite a reparação em geral dos chamados "danos puramente patrimoniais" (*pure economic loss*), consubstanciados numa lesão do património do sujeito à qual não corresponde a violação de um qualquer direito subjectivo[43]. É a pura perda ou prejuízo económico que estão em causa, sem que, em paralelo ou *ex ante*, se possa falar do desrespeito por um direito (pessoal ou patrimonial) do sujeito do qual tenha resultado essa perda. O dano puramente patrimonial corresponde a todas aquelas situações em que, da conduta de um sujeito, resulta uma *perda económica* para outro, sem que, todavia, se possa identificar uma *lesão jurídica*, a violação de um qualquer direito absoluto. Tal lesão é, em geral, insusceptível de reparação pela via indemnizatória, já que o ordenamento jurídico não reconhece aos sujeitos um direito genérico ao património ou à sua integridade[44].

Nem o acolhimento da relevância dos chamados *deveres no tráfico*[45] permite, neste domínio, uma dilatação do conjunto de bens susceptíveis de protecção delitual, só sendo admissível a responsabilidade, por esta via, pelas puras perdas patrimoniais, quando

---

[43] Sobre a noção de *pura perda patrimonial*, cf. Mauro Bussani e outros, *Pure Economic Loss in Europe*, The Trento Project, Cambridge University Press, 2003, p. 3 e ss..

[44] O conceito de *pure economic loss* é, de resto, definido, na Europa, e sobretudo na Alemanha, por recurso a uma delimitação ou regra "negativa" de não responsabilização.

[45] Sinde Monteiro, 300 ss. e 486 ss..

estas já sejam alvo de uma específica protecção delitual[46] – isto é, quando exista *norma* dirigida à protecção específica dos bens lesados.

Quando, da inobservância dos deveres de zelo, diligência, profissionalismo, etc., por parte do ROC na sua actividade de revisão de contas resultem, para terceiros, destinatários indirectos ou mediatos da informação certificada, quaisquer danos, parece ser precisamente um caso de *pura perda económica* que ocorre, à qual não corresponde a violação de qualquer direito subjectivo nem, consequentemente, um direito à indemnização: não está em causa nenhum direito de crédito, porque não se estabeleceu, entre o terceiro e o ROC, qualquer vínculo jurídico específico, emergente de uma relação negocial entre as partes; nem se vislumbra a violação de qualquer direito absoluto do terceiro, visto que a lesão se verificou tão--só no seu património – e não se admite a existência de um direito subjectivo ao património.

Logo, encontra-se prejudicada a possibilidade de obter, por via da primeira variante da ilicitude extracontratual, a responsabilização do ROC pelos danos sofridos por terceiros em consequência de uma revisão das contas deficiente.

4.2.2. *As normas legais de protecção*

A não ressarcibilidade, em sede de princípio, dos puros danos patrimoniais não é, todavia, inviabilizadora da consagração de situações específicas em que os mesmos serão ressarcíveis, pela via da consagração de disposições legais de protecção.

É o que se alcança através da segunda modalidade da ilicitude extracontratual: esta abrange aquelas situações em que, não se verificando a violação de um direito absoluto do terceiro, a conduta do agente consubstancia a violação de uma *disposição legal de protec-*

---

[46] CARNEIRO DA FRADA, *cit.*, p. 80.

ção, consagrada pelo legislador por razões específicas. A segunda variante da ilicitude extracontratual pressupõe, todavia, para que se concretize a responsabilidade do agente, que se verifiquem *cumulativamente* os seguintes pressupostos:

- que a essa lesão dos interesses do particular corresponda a violação de uma norma legal;
- que a norma tenha em vista a protecção de *interesses particulares*, os quais se mostrem, no âmbito da norma, *autonomizáveis* em relação a outros interesses por ela eventualmente protegidos;
- que o dano verificado se inscreva no círculo de interesses que a norma se propõe proteger[47].

Não se descortinam, no programa normativo que enforma a actividade do ROC, quaisquer normas com estas características. É, efectivamente, muito tentadora a qualificação de certas normas que envolvem a atribuição de deveres aos ROC como *normas legais de protecção* para efeitos de responsabilização do ROC/ /auditor perante terceiros. Estão, desde logo, nestas circunstâncias todas as normas dispersas no ordenamento que impõem a estes profissionais a realização de certos actos e a sua prática de acordo com determinadas regras: a título de exemplo, os arts. 62.º e 64.º do EROC, ou os arts. 420.º (em particular o seu n.º 3) e 420.º-A CSC, poderiam levar a pensar estar-se perante *disposições legais de* protecção, cuja violação permitiria, sem mais, a qualificação da conduta como ilícita à luz da segunda variante da ilicitude extra-contratual.

Mas este seria um caminho que teria tanto de fácil quanto de traiçoeiro.

Em primeiro lugar, nenhuma dessas normas permite identificar, no círculo de interesses que as mesmas visam proteger, um especí-

---

[47] ANTUNES VARELA, p. 558.

194   *Controlo de Contas e Responsabilidade dos ROC*

fico *interesse particular* – que pode ainda existir, é certo, mas que em caso nenhum se afigura *autonomizável* em relação aos restantes. Trata-se de normas que apresentam como finalidade a promoção e protecção de um interesse *público, supra-individual*, que é o da veracidade, fiabilidade e transparência da informação financeira certificada por auditor. A prossecução deste interesse público reflecte-se, de facto, no interesse particular de todos os indivíduos que porventura possam ser afectados pelas inverdades contidas nessa informação financeira – mas não é esse o interesse, ou sequer *um* interesse (particular) que qualquer uma destas normas vise realizar autonomamente.

Tem sido, de facto, demasiado corrente o lançar mão do conceito de *disposição legal de protecção* para encontrar o caminho da responsabilização de certas condutas, alargando-se o conceito muito para além das suas fronteiras naturais: aqui se recusa essa vulgarização[48]. As disposições legais de protecção têm como função a protecção de *pessoas determinadas* ou de *círculos de pessoas* contra lesões nos seus bens[49], alargando a protecção delitual para além da primeira variante da ilicitude. Não basta, todavia, para que o seja, "...que se destine a proteger a colectividade em geral. A protecção individual tem de ser intencionada, e não apenas objectivamente actuada, embora não tenha de constituir o fim principal da norma"[50].

Há, pois, que descobrir o *fim da norma* – e o fim das normas supra referidas é, seguramente, o da promover a confiança da sociedade em geral na informação financeira produzida pelas empresas sujeitas à certificação legal. Não se recusa, claro, que o interesse individual de cada cidadão na veracidade e conformidade dessa

---

[48] Assim como se recusa a generalização da qualidade de disposição legal de protecção, por exemplo, a todas as normas de carácter penal, disciplinar, etc., como por vezes se tem pretendido.

[49] SINDE MONTEIRO, *Responsabilidade por Conselhos, Recomendações e Informações*, Coimbra, Almedina, 1989, p. 240.

[50] SINDE MONTEIRO, p. 249.

informação é parte do interesse tutelado pela norma: em última analise, o interesse público ou geral mais não é do que o somatório de múltiplos interesses individuais[51] – estes, todavia, insusceptíveis de *autonomização*. Admitindo-se a recorrência de dificuldades na descoberta do fim da norma, será útil, a fim de evitar um excessivo alargamento da responsabilidade delitual, o critério segundo o qual se deve presumir que a norma visa interesses gerais, e não categorias limitadas de sujeitos, se não puder inferir-se claramente da própria norma o fim que a motivou[52].

Uma diferente configuração da segunda variante da ilicitude extracontratual, que incluísse no seu espaço de previsão toda e qualquer norma que, ainda que de forma reflexa ou eventual, protegesse quaisquer interesses particulares, conduziria a uma insuportável ampliação da protecção do património, à consagração de uma "grande cláusula delitual"[53] e à ressarcibilidade geral e integral da *pura perda patrimonial,* ao arrepio de toda a nossa tradição.

À luz dos princípios e da melhor doutrina estamos, pois, em condições de afirmar que não se encontra, por ora, no ordenamento jurídico qualquer norma que, versando sobre os deveres e o exercício das funções do ROC e do auditor, possa ser para este efeito qualificada como uma *disposição legal de protecção,* também por esta via se achando vedada a possibilidade de responsabilizar o ROC perante terceiros.

4.2.3. *O abuso de direito*

A doutrina e a jurisprudência, todavia, encontraram uma escapatória para a exiguidade do quadro da ilicitude traçado pelo legislador no art. 483.º, acrescentando-lhe a via do *abuso de direito* como base da responsabilidade delitual, quando em causa esteja o exercício de um direito em termos reprovados pelos valores fundamentais

---

[51] SINDE MONTEIRO, p. 250.
[52] PESSOA JORGE, *Direito das Obrigações*, p. 312.
[53] SINDE MONTEIRO, p. 253.

do sistema jurídico no seu conjunto. Situação esta que desempenha, de resto, um papel primordial na defesa dos danos patrimoniais puros, já que o que conta, aqui, é o facto de o titular ter manifestamente excedido os limites impostos pela boa fé, pelos bons costumes ou pelo fim económico e social do direito.

Não sendo possível responsabilizar o ROC, pela via do abuso de direito, com base na ofensa do fim económico e social do direito (pois que não existe, em rigor, qualquer funcionalização da liberdade de prestar informações) ou da boa-fé (já que esta pressupõe uma relação especial entre os sujeitos, que não existe entre o ROC e os terceiros), só pela via da *violação dos bons costumes* se pode lograr obter suporte para a responsabilização delitual do ROC com base no abuso de direito. Estes não pressupõem, de facto, nenhum conteúdo relacional específico, mas exprimem, na economia do art. 334.°, uma referência a padrões de conduta mínimos a observar em geral pelos sujeitos, que se consideram violados quando a conduta do agente se situe abaixo desse limite mínimo ético.

Assim, a imputação da responsabilidade extracontratual ao ROC pela produção de um serviço defeituoso com base no abuso de direito é apenas configurável lá onde a sua conduta se mostre de um tal desvalor ético que seja possível submetê-la ao conceito de violação dos bons costumes. O que só sucederá em circunstâncias contadas, e tão circunscritas que dificilmente se obtém, por esta via, uma solução para a necessidade de encontrar a solução técnico-jurídica correcta para o problema da responsabilidade do ROC perante terceiros.

5. Uma responsabilidade alternativa?

Não descurando as grandes e já demonstradas dificuldades dogmáticas de enquadramento jurídico da responsabilidade do ROC perante terceiros, impõe-se, todavia, insistir na descoberta ou construção de uma solução juridicamente fundada para o problema, muito embora a mesma situação veja recusada a possibilidade de indemnização à luz da generalidade dos ordenamentos jurídicos europeus[54].

Desde logo porque, como se viu, é o próprio legislador, no art. 82.° CSC e no arts. 10.° CVM, quem afirma essa responsabilidade – no primeiro caso, em relação aos sócios e aos credores sociais, no segundo em relação a quaisquer terceiros –, deixando os pormenores da sua concretização ao cuidado da lei geral, isto é, dos princípios e das regras gerais do direito civil.

Mas ainda que o legislador o não dissesse, sempre se apresentaria inevitável a questão: ao reconhecer-se à informação financeira e respectiva certificação a natureza de bem público, como o faz claramente o EROC (art. 44.°, n.° 6) e vem defendido em todos os sectores da discussão em torno do governo das sociedades, está-se simultaneamente a admitir o interesse que essa informação reveste para um amplo e variado conjunto de utilizadores da informação – e em última instância, para sociedade no seu todo. A racionalização dos processos decisórios exige níveis informativos cada vez mais elevados, sendo vital a importância da informação fornecida pelas unidades económicas. A informação, para ser útil, deve conter uma garantia de fiabilidade e veracidade, a ser proporcionada em primeira linha pela certificação legal das contas.

Daí a importância de reconhecer a responsabilidade do ROC, não só perante a sociedade fiscalizada, mas também perante *terceiros*, pois só assim os utilizadores da informação (que não são necessariamente apenas, ou sequer predominantemente, os seus credores) poderão ver os seus interesses protegidos e confiar na certificação legal de contas.

Posto isto, várias hipóteses têm sido consideradas pela doutrina como base alternativa de fundamentação do dever de indemnizar

---

[54] Cf. os relatórios dos diversos países sobre responsabilidade civil dos auditores perante terceiros em BUSSANI, *Pure Economic Loss in Europe*, cit., p. 453 e ss..

os terceiros lesados pela actuação deficiente do ROC no exercício da revisão de contas: o recurso a fundamentos dogmáticos como os *deveres no tráfico para protecção do património*, a *auto-vinculação sem contrato*, o *contrato com eficácia de protecção de terceiros* e a utilização da *culpa in contrahendo* em conexão com a *responsabilidade pela confiança* como âncora justificativa da responsabilidade do ROC perante terceiros e matriz de uma terceira via da responsabilidade, intermédia entre as modalidades clássicas da responsabilidade obrigacional e delitual.

Curar-se-á apenas, de modo sintético, das duas últimas figuras, por se afigurar serem aquelas com algumas potencialidades práticas de aplicação ao problema.

6. O contrato com eficácia de protecção para terceiros

A ideia fundamental subjacente à figura do *contrato com eficácia de protecção para terceiros* é a de que certos negócios estendem a sua protecção a terceiros, alheios ao contrato[55]. Embora estes sujeitos não sejam partes no contrato, onde vale o princípio da relatividade (art. 406.°, n.° 2), o contrato atribui-lhes um direito a verem ressarcidos os prejuízos que sofrerem, não como consequência do incumprimento de um dever de prestação – que só existe em relação ao credor –, mas em resultado da violação de outros deveres, abrangidos na relação contratual no seu todo.

Trata-se de uma concepção ancorada na relação obrigacional complexa, onde se distinguem, além dos deveres primários de prestação, outros deveres ou comportamento que, existindo para além das prestações convencionadas, são também exigidos pelo credor da relação contratual, visando ainda a protecção de terceiros alheios

---

[55] Sobre o contrato com eficácia a favor de terceiros, SINDE MONTEIRO, cit, 518 ss.; MOTA PINTO, *Cessão da Posição Contratual*, 1982 (reimp.), 419 ss.; MENEZES CORDEIRO, *Da Boa-Fé*, I, 619; CARNEIRO DA FRADA, *cit.*, 88 ss..

ao contrato. Identifica-se aqui um novo fundamento dogmático da responsabilidade civil, muito relevante e de reconhecida utilidade, altamente comprometido não só com a relação obrigacional complexa como, sobretudo, com a boa-fé, matriz radical desses deveres de protecção. Mas trata-se, sobretudo, de uma figura que, gravitando no universo dos deveres de conduta e da respectiva eficácia, se situa, enquanto *figura de responsabilidade*, numa zona intermédia ou alternativa[56] entre as duas modalidades clássicas da responsabilidade.

Ora, aquilo que é decisivo na utilização desta categoria dogmática é a delimitação do grupo de terceiros que, por esta via, são susceptíveis de serem indemnizados pelo ROC, já que se não pode abrir a porta a uma protecção indiscriminada de quaisquer terceiros lesados pela auditoria deficiente. Pressuposto da protecção é, assim, que o ROC (ou em geral, o obrigado à prestação) pudesse ou devesse reconhecer à partida a possibilidade de a sua prestação contratual ter como destinatário um determinado terceiro.

Aplicada ao caso concreto, os terceiros eventualmente lesados pela certificação incorrecta das contas da sociedade poderão exigir do ROC uma indemnização apenas quando a certificação haja sido feita com a consciência, por parte deste, de que o produto da sua actividade era susceptível de influenciar algumas decisões desse terceiro – ou, mais simplesmente, que esse terceiro seria também, além da sociedade, um utilizador efectivo daquela informação[57].

Isto posto, só perante o caso concreto se poderá equacionar a possibilidade de fazer funcionar a figura do contrato a favor de terceiro para escorar uma pretensão indemnizatória de um terceiro em relação ao ROC ou auditor que procedeu ao controlo das contas de determinada sociedade.

Há, ainda, quem recuse a possibilidade de recurso a esta solução por considerar que a mesma pressupõe uma coincidência de

---

[56] "Zona cinzenta", no dizer de CARNEIRO DA FRADA; 90.

[57] SINDE MONTEIRO, 524/525.

interesses entre o credor da prestação e o terceiro ao qual se estende a protecção conferida pelo programa contratual, só assim se compreendendo que um terceiro possa retirar, de um contrato ao qual ele é alheio, uma pretensão indemnizatória[58]. E que, nestes casos, o interesse do terceiro será, as mais das vezes, diametralmente oposto ao do credor da informação certificada, na medida em que este pretende ostentar uma situação patrimonial altamente vantajosa, enquanto o terceiro (*v.g.*, adquirente de partes sociais) pretende que a avaliação seja feita pelo menor valor possível, para poder pagar menos por aquilo que quer adquirir.

Se é evidente o préstimo desta via de solução para alguns casos de lesão dos interesses de terceiros pela auditoria deficiente, esta não deixa de configurar uma alternativa que corresponde a uma situação muito específica – dir-se-á, excessivamente redutora, pois que não só resume o problema aos interesses dos terceiros adquirentes de sociedades (e não são só este os terceiros merecedores de protecção), como ignora o sentido e objectivo último da certificação legal de contas, em última análise correspondente ao interesse público de que a mesma se reveste, e que é o interesse em que as contas certificadas reflictam, de modo absolutamente fiel, a verdadeira situação financeira da sociedade.

7. A *culpa in contrahendo* como matriz de uma terceira via da responsabilidade

O critério de responsabilização do ROC perante terceiros terá de ser estabelecido em função da posição que o terceiro ocupe *em relação ao contrato* e não *em relação ao credor*[59]:

---

[58] CARNEIRO DA FRADA, 92; em sentido oposto, isto é, considerando que a oposição de interesses não obsta à aplicação da figura, SINDE MONTEIRO, 525.

[59] MUSIELAK, *Haftung für Rat, Auskunft und Gutachten*, 1974, 39, citado por SINDE MONTEIRO.

"Se, de acordo com o fim e o conteúdo do contrato, o terceiro é atingido pela prestação de uma forma que o traz para uma posição comparável à que o credor ocupa normalmente a respeito da prestação, então é também justificado inclui-lo no âmbito de protecção do contrato"[60].

Não se afastando, pois, em via de princípio, a possibilidade e a utilidade da figura de responsabilidade trazida pelo *contrato com eficácia de protecção para terceiro*, não é ocioso, dada a especificidade das circunstâncias em que aquela construção poderá ser útil, prosseguir na descoberta das possibilidades que nos são proporcionadas ao encarar-se como possível uma via alternativa da responsabilidade, situada algures entre a responsabilidade delitual e obrigacional, tributária dos princípios gerais da responsabilidade mas consubstanciada de modo autónomo.

Por este caminho se chega às soluções oferecidas, também neste específico campo, pelo instituto da *culpa in contrahendo*, institucionalizada pelo art. 227.° do CC com vista à vinculação responsabilizante dos sujeitos na fase de negociações e de formação do contrato, no sentido de os compelir à adopção de comportamentos conformes com a boa-fé e dirigidos sobretudo à protecção dos interesses da contraparte. Os deveres fundados na boa-fé que aqui ganham consistência ou visibilidade (deveres de informação, de protecção, de cuidado, etc.) geram, quando violados, o dever de indemnizar, sendo inclusivamente ressarcíveis os danos puramente patrimoniais que nesta fase se produzam. Não se verificam, neste contexto específico, as razões da restrição destes danos em sede geral, e que têm a ver com o risco de crescimento exponencial das situações de responsabilidade civil[61].

Ora, a culpa na formação do contrato interessa, para a questão que nos ocupa, pelo facto de esta responsabilizar, não apenas as partes no contrato (ou naquele que vier a ser o contrato), mas

---

[60] Musielak, como na nota anterior.
[61] Carneiro da Frada, *cit.*, 96/97.

também alguns sujeitos que intervenham na negociação ou na formação do contrato, assim se alargando a eficácia subjectiva do mesmo.

Tomando como ponto de partida que a *culpa in contrahendo* concita um conjunto de deveres, fundados na boa fé e orientados para a protecção da confiança, os terceiros que intervenham nas negociações pré-contratuais como sujeitos autónomos e violem determinados deveres que lhe eram impostos pela boa fé serão responsáveis perante o terceiro – sobretudo se o sujeito em causa tiver captado a confiança da contraparte e defraudar essa confiança.

Por aqui se obtém uma importante base de responsabilização dos terceiros que, como os ROC, em virtude das suas elevadas e específicas qualificações profissionais exerçam uma influência determinante na decisão de contratar e nos termos da contratação, não apenas do sujeito que é a sua contraparte mas, sobretudo da outra parte nessa relação.

Estamos, pois, em pleno campo de acção da *relação obrigacional sem deveres primários de prestação*, a qual parece caber com aprumo no espaço de previsão da norma do art. 227.º CC: esta *relação de negociação* firma-se entre os sujeitos que intervêm nos preliminares do contrato com autonomia, tornando-se, neste contexto, muito razoável a imputação de deveres pré-contratuais a esses sujeitos.

O direito à indemnização exercido pelo terceiro contra o ROC por revisão deficiente das contas ou falha de auditoria dependerá, em última análise, do estabelecimento de uma relação especial de confiança entre os sujeitos em questão, exigindo-se que o ROC tenha ou pudesse ter tido a consciência de que a informação por ele produzida se destinava a ser utilizada por esse terceiro com o qual se estabeleceu uma tal relação de confiança.

Assim se esboça uma outra via de solução para a questão de saber em que alicerces fazer assentar a responsabilidade do ROC perante terceiros, sejam eles os sócios, os credores ou quaisquer outros terceiros (mormente adquirentes de partes sociais).

8. Proposta

A conclusão a retirar é, pois, a de que, não estando excluída a possibilidade de responsabilizar civilmente o ROC ou o auditor pelos danos que os terceiros possam sofrer em virtude do incumprimento ou do cumprimento defeituoso do contrato, e sendo, por outro lado, considerável a importância social dessa responsabilização, o ordenamento jurídico não se encontra suficientemente apetrechado para balizar e sustentar este tipo de pretensões, ainda quando sejam imensos os danos e evidente a incúria de quem os provocou.

Qualquer fundamento dogmático alternativo da responsabilidade, como a violação da confiança ou o contrato com eficácia de protecção para terceiros, oferece uma via de solução pouco mais do que eventual ou parcelar, apresentando-se como um caminho recheado de obstáculos.

Sem pretender ampliar excessivamente os casos de responsabilidade do ROC pelos danos patrimoniais sofridos por terceiros em virtude de uma fiscalização deficiente, seria bem vinda e de grande utilidade, por uma lado, a criação de uma norma, integrada no CSC, onde inequivocamente se fizesse consagrar um dever de diligência a cargo dos membros dos órgãos de fiscalização da sociedade, à semelhança do que se prescreve para os membros dos órgãos de administração no art. 64.°[62] – *maxime*, do ROC, ao qual cabem funções acrescidas de fiscalização.

Mas a protecção dos terceiros só se achará assegurada com uma reformulação do art. 82.° CSC: seria imprescindível rever o seu teor, de maneira a incluir no seu âmbito de protecção quaisquer outros terceiros, para além dos sócios e dos credores. Tanto bastaria para dissipar a generalidade das dificuldades que o regime actual evidencia quanto à responsabilidade do ROC perante terceiros, pois que

---

[62] A proposta da CMVM de alteração ao CSC inclui já uma norma com este conteúdo (art. 64.°, n.° 2 do articulado proposto).

a previsão expressa desses terceiros como merecedores de protecção legal permitiria – agora sim –, pela autonomização do interesse do terceiro numa auditoria diligente e correcta, a qualificação das normas que impõem determinados deveres de conduta ao ROC como *disposições legais de protecção.*

Ficará, então, aberta a porta para a utilização da segunda variante da ilicitude extracontratual como via de responsabilização do ROC perante quaisquer terceiros.

III
LIMITAÇÃO E TRANSFERÊNCIA DA RESPONSABILIDADE DO ROC

1. Cláusulas de limitação da responsabilidade

As cláusulas de limitação da responsabilidade tendem a ser admitidas, entre nós, nos termos gerais, a não ser quando incluídas em cláusulas contratuais gerais (D.L. 446/85, art. 18.°, als b) a d). Esta possibilidade é, na prática, relevante. Por um lado, porque permite ao ROC/auditor gerir de forma eficaz o risco do exercício da sua função. Por outro lado, a responsabilidade ilimitada tende a ser mais gravosa para a sociedade fiscalizada, na medida em que o respectivo seguro importará prémios elevadíssimos que o auditor tenderá a fazer repercutir no preço da auditoria. Além disso, põe em causa a própria actividade de auditoria, que se transfigura, pela ausência de limitação de responsabilidade, numa actividade de elevadíssimo risco.

Tendem, em geral, a considerar-se admissíveis as cláusulas de limitação da responsabilidade que estabeleçam um limite correspondente ao preço da auditoria.

A solução da limitação por via legal (isto é, através do estabelecimento de um "tecto" para além do qual o auditor não é responsável), como sucede na Alemanha, Áustria e Grécia, é indesejável, na medida em que não existe um padrão; aquilo que é um montante excessivo para uns pode ser irrisório para outros.

De iure condendo, é razoável pensar na limitação da responsabilidade do ROC aos casos de negligência grave ou dolo, deixando à razoabilidade das partes a fixação de tectos indemnizatórios para além deste critério.

2. Transferência da responsabilidade

A responsabilidade do ROC e do auditor é, finalmente, de transferência obrigatória através da subscrição de um seguro de responsabilidade civil a favor de terceiros, nos termos dos arts. 73.° EROC e 10.°, n.° 2, CVM.

Este seguro cumpre uma função de garantia para os lesados, ao mesmo tempo que reforça a independência do ROC, promove a dispersão e partilha dos riscos e favorece a minoração dos danos.

Verifica-se, todavia, um conjunto de dificuldades em torno do seguro de responsabilidade civil dos ROC e dos auditores que deveria determinar o legislador e as instâncias competentes a reflectir mais aprofundadamente sobre a questão.

Existem, por um lado, duas Apólices Uniformes, uma respeitante ao seguro de responsabilidade civil dos auditores independentes (constante da Norma n.° 32/95-R, do ISP) e outra ao seguro de responsabilidade civil dos revisores oficiais de contas (Norma n.° 4/94-R do ISP). Tais apólices, além de evidenciarem todas as fragilidades próprias da figura da Apólice Uniforme, encontram-se desajustadas em relação à realidade actual, quer nas remissões legais que fazem, que no seu conteúdo, criando nas seguradoras uma séria dificuldade de observância das mesmas.

Traduzindo as Apólices Uniformes um conteúdo mínimo a incluir obrigatoriamente em todas as apólices individuais da categoria de seguros a que se referem, as mesmas deveriam, pelo menos, ser alvo de uma revisão profunda, a fim de as ajustar à realidade jurídica e social a que pretendem aplicar-se: a evolução recente no sentido da sujeição das cláusulas constantes de Apólices Uniformes ao regime das cláusulas contratuais gerais[63] não é, por si só, suficiente para permitir ultrapassar as deficiências contidas nas mesmas.

É, por outro lado, significativamente elevado o montante mínimo do seguro: € 2 500 000 para os auditores (art. 6.°, n.° 2, al. f) do Regulamento n.° 6/2000 CMVM), € 500 000 para os revisores oficiais de contas e € 500 000 vezes o número de revisores oficiais de contas que integrem uma sociedade de ROC (art. 73.°, n.os 1 e 2 EROC). Tais valores ultrapassam normalmente as capacidades das seguradoras, as quais, para evitar o recurso sistemático e muito dispendioso ao resseguro, têm, ao que se sabe, optado por oferecer o produto em regime de co-seguro.

Ora, dada a dimensão relativamente pequena da indústria seguradora a operar no mercado nacional, esta situação tem conduzido, na prática, a uma ausência quase total de concorrência, uma vez que as seguradoras que se dispõem a oferecer o produto o fazem de forma concertada com os restantes membros do *pool*. Daqui resulta uma perfeita uniformidade de condições, a não permitirem ao ROC ou ao auditor praticamente nenhum tipo de opção em matéria de condições, prémios, etc.

As questões relacionadas com o seguro de responsabilidade civil do ROC e do auditor hão-de, por outro lado, ser equacionadas à luz da posição que se tome sobre a possibilidade de limitação contratual da responsabilidade destes sujeitos, pois que desta possibilidade depende, em certa medida, o desenho dos produtos a oferecer pela indústria ao mercado dos seguros.

Valeria, pois, a pena analisar em profundidade a questão, sob o prisma dos interesses dos diversos sujeitos, a fim de criar condições que promovessem a concorrência, facilitassem o acesso ao seguro e tornassem mais maleáveis e permeáveis as condições da respectiva apólice e subscrição, a fim de tornar o seguro, nesta área, um verdadeiro instrumento de gestão do risco.

---

[63] Cf. o art. 1.°, n.° 2 do D.L. 446/85, de 25-10, introduzido pelo D.L. n.° 249/99, de 7-7.

ÍNDICE

NOTA DE APRESENTAÇÃO 5

ADMINISTRADORES E TRABALHADORES DE SOCIEDADES
(CÚMULOS E NÃO)
J. M. Coutinho de Abreu 9

1. Pode a relação de administração ser jurídico-laboral? 11
2. Trabalhadores-administradores (cúmulo) 15
3. Administradores, trabalhadores (não cúmulo e cúmulo) 19

RESPONSABILIDADE CIVIL SOCIETÁRIA
DOS ADMINISTRADORES DE FACTO
Ricardo Costa 23

Abreviaturas 25
1. A responsabilidade civil pelo exercício da administração social no
   CSC e a administração de facto 27
2. A aplicação por interpretação extensiva dos artigos 72.° e ss ao
   administrador de facto 36
3. Deveres de boa administração e responsabilidade civil dos admi-
   nistradores de facto 40

A TRANSFERÊNCIA INTERNACIONAL DA SEDE SOCIAL
NO ÂMBITO COMUNITÁRIO
Maria Ângela Coelho Bento Soares 45

Abreviaturas 47
Sumário 49
A – Introdução 50

210 Índice

B – A transferência internacional da sede. Obstáculos estaduais de ordem jurídica 52
C – A transferência internacional da sede e a liberdade de estabelecimento 64
D – A projectada 14.ª Directiva sobre transferência internacional da sede societária 73

«EMPRESAS NA HORA»
Alexandre de Soveral Martins 79

1. Os textos comunitários que realçam a necessidade de agilizar o processo de criação de empresas.. 81
2. Os diplomas nacionais sobre a «empresa na hora» (DL 111/2005, de 8 de Julho, Portaria 590-A/2005, de 14 de Julho, e Portaria 811/2005, de 12 de Setembro)... 87
3. As «empresas na hora» só podem ser sociedades por quotas ou anónimas. Outros requisitos.. 87
4. Onde constituir as «empresas na hora». O período transitório........ 89
5. O procedimento que deve iniciar-se e concluir-se no mesmo dia.... 91
6. Outras diligências depois de terminado o procedimento anterior 95
7. Alguns problemas 96
   7.1. As regras relativas às firmas.. 96
   7.2. A realização do capital social... 100
   7.3. O conteúdo dos modelos e as normas dispositivas.................. 101
   7.4. O pedido de registo.. 103
   7.5. A recusa do art. 9.º 103
8. Conclusão.. 104

O ARTIGO 35.º DO CÓDIGO DAS SOCIEDADES COMERCIAIS NA VERSÃO MAIS RECENTE
Alexandre Mota Pinto 107

1. Introdução: a problemática evolução histórica do artigo 35.º 109
2. Análise do artigo 35.º 122
   a) A situação de perda de metade do capital social 122
       aa) O conhecimento da perda de metade do capital social pelos membros da administração da sociedade 122
       ab) O apuramento no balanço da situação de perda de metade do capital social 125

Índice

211

b) Os deveres dos gerentes, administradores ou directores............ 129
   ba) O dever de convocar ou requerer a convocação de assembleia geral 129
   bb) O dever de informar aos sócios, em assembleia geral, a situação de perda do capital social, a fim de "estes tomarem as medidas julgadas convenientes" 132
c) As medidas a adoptar pelos sócios.. 133
   ca) A realização de entradas para reforço da cobertura do capital 134
   cb) A redução do capital social... 141
   cc) A dissolução da sociedade 146
   cd) Outras medidas julgadas convenientes pelos sócios 147
d) A consequência da manutenção da situação de perda do capital social... 149

CONTROLO DE CONTAS E RESPONSABILIDADE DOS ROC
Gabriela Figueiredo Dias.. 153

PRELIMINAR.. 155

I – O CONTROLO DE CONTAS DAS EMPRESAS PELO ROC 157
  1. A figura do ROC nas sociedades comerciais.................................... 157
    1.1. Enquadramento orgânico e institucional do ROC no contexto societário: o ROC nos órgãos (ou como órgão) da sociedade 158
    1.2. O contrato como fonte legitimadora do exercício de funções pelo ROC 162
    1.3. Conteúdo funcional da competência do ROC nas sociedades comerciais 168
  2. O auditor nas sociedades abertas 171
  3. Fundamento e natureza das funções obrigatórias do ROC e do auditor nas sociedades comerciais 173

II – RESPONSABILIDADE DO ROC PELO CONTROLO DAS CONTAS 177
  1. Delimitação do âmbito da indagação.. 177
  2. Enquadramento normativo do instituto da responsabilidade civil do ROC por falhas de auditoria 178
  3. A responsabilidade do ROC perante a sociedade fiscalizada........... 180
    3.1. A responsabilidade do ROC segundo o art. 82.º CSC............ 180
    3.2. A responsabilidade do auditor nos termos do art. 10.º CVM 187
  4. A responsabilidade do ROC perante terceiros................................ 187
    4.1. Insusceptibilidade de responsabilização do ROC perante terceiros segundo a responsabilidade obrigacional..................... 187

4.2. A responsabilidade delitual do ROC perante terceiros	190
4.2.1. A violação de direitos absolutos e a (ir)relevância das puras perdas patrimoniais	191
4.2.2. As normas legais de protecção	192
4.2.3. O abuso de direito	195
5. Uma responsabilidade alternativa?	196
6. O contrato com eficácia de protecção para terceiros	198
7. A *culpa in contrahendo* como matriz de uma terceira via da responsabilidade	200
8. Proposta	203
III – LIMITAÇÃO E TRANSFERÊNCIA DA RESPONSABILIDADE DO ROC	205
1. Cláusulas de limitação da responsabilidade	205
2. Transferência da responsabilidade	206